会整理的孩子
走到哪里都超棒

（日）辰巳渚 著
王琦 译

化学工业出版社
·北京·

图书在版编目（CIP）数据

会整理的孩子走到哪里都超棒/（日）辰巳 渚著；
王琦译．—北京：化学工业出版社，2022.7（2025.1 重印）
ISBN 978-7-122-41126-6

Ⅰ.①会… Ⅱ.①辰…②王… Ⅲ.①自我管理-
儿童教育-家庭教育 Ⅳ.①G781

中国版本图书馆 CIP 数据核字（2022）第 055502 号

KODOMOWO NOBASU OKATAZUKE
Copyright © Nagisa Tatsumi 2005
Original Japanese edition published by Iwasaki Publishing Co., Ltd.
Chinese translation rights arranged with Iwasaki Publishing Co., Ltd.
through Shinwon Agency.
Chinese translation rights © 2022 by Chemical Industry Press Co., Ltd.
本书中文简体字版由株式会社岩崎书店授权化学工业出版社独家出版发行。
本版本仅限在中国内地（大陆）销售，不得销往其他国家或地区。
未经许可，不得以任何方式复制或抄袭本书的任何部分，违者必究。
北京市版权局著作权合同登记号：01-2022-3373

责任编辑：龙　婧　王丽丽
文字编辑：李　曦　林　丹
责任校对：田睿涵
装帧设计：史利平

出版发行：化学工业出版社
　　　　　（北京市东城区青年湖南街13号　邮政编码100011）
印　　装：北京新华印刷有限公司
880mm×1230mm　1/32　印张5¹/₂　字数116千字
2025年1月北京第1版第3次印刷

购书咨询：010-64518888
售后服务：010-64518899
网　　址：http://www.cip.com.cn
凡购买本书，如有缺损质量问题，本社销售中心负责调换。

定　　价：49.80元　　　　　　　版权所有　违者必究

为什么要整理?

这本书,是为孩子们而写的关于"整理"的书。

但是,这并不是一本教人如何整理的书。

当然,书中也详细写了具体的整理方法。本书为了尽可能让大家更容易实践,将内容分成以下四章来说明。

第1章,在凌乱得无法忍耐的房间里,对孩子说"快去整理"之前,父母应先引导孩子顺利地进入到整理这项工作中。因为孩子们是不会忽然之间就具备"整理"能力的。

第2章,关注孩子房间里的物品,也就是孩子的个人区域里都有些什么物品,如何整理这些物品才能让工作顺利进行?首先应让孩子们学会从自己的物品开始整理。

第3章,在家里除孩子房间之外的地方,也就是有家人共用物品的各个生活区域——客厅、餐厅等场所——引导孩子如何去整理每个场所。

第 4 章，抛开"具体物品整理"的话题，探讨"孩子的房间"这一空间。孩子的房间是否有必要存在，作为父母该如何去认识孩子的房间。

通过"整理"的具体工作，让父母和孩子不仅在技术层面上学会整理，还能学到与物品打交道的方法、参与到家庭中的方法、具备行动力等这些更加重要的东西。通过读者自身去发现这些方法，并在生活之中运用起来，是本书真正的愿望所在。

接下来，大家可以从感兴趣的地方、力所能及的地方以及想要试试看的地方开始阅读了。

辰巳 渚

序

整理是人生的基础

孩子不擅长整理

从孩子两岁开始,妈妈就不知道说过多少"快去整理"这样的话。

"吃饭之前先把东西整理好。"

"屋子里乱得不行了,去整理一下吧!"

"有客人要来,去把东西整理好。"

说多了之后的结果就是:

冲孩子大喊"同样的话要我说多少遍!快点去把东西整理好!"也不稀奇了。

当然,孩子是不擅长整理的,就算是大人也很少有人会说自己"特别喜欢整理",更别提孩子了。

孩子们因为兴趣把玩具一个一个取出来、吃零食时很开心地把餐具拿出来、玩土的时候把许多铲子和小桶摆在外面、为了选"今天要穿的衣服"把所有衣服都拿出来……孩子们只是把东西拿出来然后放着不管，似乎脑子里完全没有要把它们"收回去"的概念。

我甚至在想，是不是"整理"这个行为没有写在人类的遗传基因里。人们因为必要、遵从意愿而"取出"东西，但"整理"并非必要，也不会让人有想去做的意愿。不管怎么想，"整理"都是人们从很久以前在母亲"快去整理""快去整理"这种不停的训斥中才习得的行为。

对于还没有"整理"这个概念的孩子们，他们一定是"还不知道"，而不是"做不来"；不是"不擅长整理"，而是"不知道何为整理"罢了。

不会整理的孩子是坏孩子吗？

没有生来就会整理的孩子。

如果知道这一点，父母眼里的孩子就不"邋遢"了，父母也不会觉得孩子不能干、总对孩子不耐烦了。

不会整理的孩子，既不是坏孩子也不是没用的孩子。不会整理是很正常的，因为不知道"整理"这个概念，也不知道整理的方法，就算对他们说"快去整理"，孩子们也只是会感到迷惑而已。

对于不知道何为整理的孩子，如果斥责他们不会整理或者认为他们是"不能干的孩子"的话，孩子们就太可怜了。不过，如果认为"孩子就是不会整理""我来整理更快"或者"孩子还小"，就把孩子学"整理"的机会夺走的话，孩子们也很可怜。

就像让孩子学会母语，学会剪刀和杯子这些工具的用法一样，"整理"也是父母不能不教孩子的技能。

就算觉得很麻烦,不知道该如何去做,父母也要和孩子一起思考,手把手亲自教孩子,然后渐渐形成自己独有的教学方式。

不能威胁或者和孩子谈交换条件

如果有把孩子变成"会整理的孩子"的魔法就轻松了,或者有什么办法可以一瞬间见效就好了。

但是并不会有这样的事,因此我终于在孩子把房间弄乱还放着不管的时候说:"快点整理好,不然我就全都扔了。"或者是威胁孩子:"不整理好的话,不管过多久都不让你上二楼(孩子的卧室在二楼)。"

丈夫就更加单刀直入地威胁:"你不好好对待这些东西(不整理)的话,以后就不给你买了。"

我认识的人则用"再不整理好大佛就要来接你了"来威胁孩子。他家孩子小时候去看镰仓大佛,因为佛像很大孩子被吓到了,父母有什么事就把"大佛"搬出来。想象一下,就觉得威慑力十足。

在我们家,如果孩子洗完澡不穿衣服乱跑的话,我们就会说"怪兽来吃你了哦";孩子离炉子太近玩耍的话,我们就会说"'火妖'(会让人烫伤的妖怪)要出来了哦"……这样创造妖怪吓唬他的时期也是有的,但是现在我们没有创造不整理就会把他怎么样的妖怪。因为无论如何都无法说成"不穿衣服的话,要被吃掉了""离炉子太近的话,要被烫伤了"这样的句式。就算跟他说"不整理的话,玩具就坏了",听起来也像说谎;说"不整理的话,书就消失了",也只能让孩子觉得困惑而已。

在整理这件事上,父母会威胁孩子"不整理就扔掉",或是"不整理就不给你买了""不整理就不给你零食吃""不整理就不让你看电视"……

但是,威胁或条件交换并不能从根本上解决问题。原因就是,孩子并没有接受"整理"这件事。因为孩子只是害怕"玩具被扔掉""没有零食吃"……没有办法才去整理的。就算威胁孩子去整理了,孩子也大多会蒙混过关。只是把地上的东西移动到了桌子上,要不就是将抽屉塞得满满的……

对于有能力整理,但是却不去整理的孩子,威胁或者交换条件可以作为对付他们的最终手段,对于那些不知道什么是整理的孩子来说,这些手段并没有用处。

整理从哪里开始

既然没有让孩子学会整理的魔法,父母们就只能做好教孩子学会整理的准备了。

那么，从哪里开始呢？

我的朋友们时常这样叹息："我还想让人教教我怎么整理呢！""妈妈是'不会整理的女人'，孩子怎么可能会整理？"

确实，父母都不会的东西是不可能教给孩子的。但是，一个成年人做不到的事情，当了父母就能做到了，这种事也很多见。

比如说，吃饭的时候，谁都会有不自觉将手肘支在桌上、用筷子的习惯不太好的情况吧。然而，和孩子一起吃饭时，抱着要让孩子好好学习餐桌礼仪的心态，我们就会提醒孩子注意"你看，手肘支在桌上了""不许用筷子戳红薯"……

然后，提醒了孩子之后，为了不让孩子说"妈妈不是也这样吗"，自己也会好好注意起来。在对孩子说"注意手肘"之前，会无意识地检查自己的手肘是不是支在桌上或者身体有没有倾斜。在对孩子说"都吃了，别剩饭"的时候，也会先看一眼自己盘子里有没有剩饭。

很快，父母发现自己自然而然有了良好的餐桌习惯。和孩子一起注意，父母自身也会养成好习惯，这就是培养孩子的一举两得。

从这个意义上讲，父母应该从决定和孩子一起进行"整理"这件事开始着手。

为什么整理如此重要

那么，让我们在这里稍微考虑一下这个问题，为什么整理如此重要?

我们会下意识地想到"屋子太乱了很丢脸""脱掉的衣服随手一扔很邋遢",为什么会这样想呢?

让我们从"家务"这个视点去考虑。比如,朋友自己做的饭菜就算不是很好吃,我们也会想"人都有擅长和不擅长的事",就算家务做不好,也是可以理解的。

但是,如果我们去朋友家拜访,从玄关就看到杂乱的屋子的时候,会感觉看到了什么不该看的东西;不小心看到衣柜里面揉成一团的衣服,会想"原来他居然是这种人啊",对朋友有了一个新的认识。

不知为何,我们不由得觉得"整理"能够看到一个人最根本的内在。

住在落满灰尘的房子里对健康不好;脱掉的衣服堆在那里会有褶皱,想要穿的时候就没有型了;收到的账单随手一扔就忘了缴费……这些事都会让我们困扰,但整理十分重要并不单是因为这些事情,这些表面上的理由都是次要的。

整理是人生的基础

我觉得整理不是单纯地把东西收拾整齐、把房间打扫干净。

人不仅仅是名为人的动物,是使用物品生活的动物。而且,正因为人被称为"社会性动物",人和人共同生活在一起才会本能地感到满足。而且，人不是只靠脑子生活的机器，而是拥有手脚和身体，并靠操纵它们来生活的动物。

这些是使人能成为人的非常重要的要素。"能够很好地整理"就是具备了"能和物品很好地打交道""能和人很好地共同生活""能动起双手和身体来生活"这三个要素。

也就是说，我不认为"会整理的孩子"就是"爱干净的孩子"或"擅长收纳的孩子"，而是"一个充实的、拥有幸福生活基础的孩子"。因此，让孩子在小时候就学会整理，是非常重要的事情。

我们在不经意间看到别人家很乱的时候，会有"看到了不该看的东西"的感觉，就是因为感受到了那个人没有具备"幸福生活的基础"吧。

整理能让孩子和物品打好交道

在"整理"的三要素之中，我们先思考一下"能和物品打好交道"。

我们是和物品共同生活的。随着社会变得物质丰富，我们需要打交道的物品的量也显著增长起来，说平均一个人要使用数千个物品也不为过。这些物品并不是谁告诉我们"用这个生活"然后给我们的，而是需要自己靠"这是我需要的""如果我有这个会很幸福"这些想法来选取的。

以前是这样,在物质过剩的今天更是如此,能够很好地和物品打交道的人,才能真正意义上成为活得多姿多彩的人。

"整理"不仅仅是把东西收起来、叠起来、摆在一起这样的工作,还要思考这件东西我是否需要,如果需要,该把它放在哪里且如何摆放用起来才更方便,或者是思考怎样整理才会取出和放回都很方便,需要多少量才正好……将这些问题一个一个思考着进行整理。

通过这样的整理工作,我们就很好地建立了物品与自身之间的联系。

人们时常说"看到书架,就知道一个人的天性"。美食家布里亚·萨瓦兰❶也写过"说出你在吃什么样的食物,我会猜出你是什么样的人"。如果按照这个说法,那么"知道一个人和什么样的物品一起生活,就能知道他是怎样的人"。

我们来总结一下,通过"整理"能够让孩子做到的事情。

● **自己对自己的物品负责**

让孩子有一种自己的物品只能自己管理,只有自己才能管理好的觉悟。

● **自己能区分需要和不需要的东西**

可以说是判断力。不仅是物品的需要与否,人生中也有很多不得

---

❶ 布里亚·萨瓦兰(Brillat. Savarin),法国律师,政治家,以宣传美食而被大家知晓。

不判断、选择的东西。让孩子从小开始一点点去判断，锻炼他对自己的判断负责，孩子会慢慢具备判断能力。

● **自己能把握恰到好处的量**

不是只要东西很多就算充足，对自己来说拥有恰到好处的量才算充足。根据自己的管理能力，能够整理得过来的量就是"恰到好处的量"，能很好地收到自己房间或是储物空间里的量就是"恰到好处的量"，意识到了这些，孩子们就很自然地明白了"对于自己来说恰到好处的量"是什么。

● **不只是"拥有"物品，还要掌握物品**

孩子能很好地整理物品的话，就能掌握自己拥有的物品。用完的剪子不放回原位，下次想用的时候就不能立刻找到。衣服脱下来随便扔，想穿的时候上面都是褶皱……用容易掌握的方法将物品收好，放回去的时候就会很轻松。在实践整理物品的过程中，让孩子发现物品要使用才能发挥作用这一重要的事情。

整理能让孩子和人很好地共同生活

接下来我们来看"能和人很好地共同生活"这一要素。

就算我们不愿意，也要和人共同生活。我们身边最亲近的人是伴侣、孩子。如果走出家门，还有附近的人、学校的人、公司的人。在人们想要和人一起生活之前，先想到的是和人一起生活的烦恼，这种情况并不少见。即使如此，我们也不得不和人一起生活。

有个说法是"家庭是最小的社会"。正如这句话所言，人出生就和父母一起生活，要学会如何与人共同生活，找到人与人共同生活中的乐趣是什么。

那么，家庭的"家"这个"容器"之中，不仅有家庭成员共同生活的场所，还有摆放使用物品的场所。这些物品有的是家庭成员共同使用的，有的是成员各自拥有的。

想在家庭中很好地整理物品，就要考虑在大家生活的场所里自己应如何做，以及如何与大家生活场所中共同使用的物品打交道。

我们来总结一下。

● **与人共同生活的时候，要推测他人的意思**

如果妈妈说"快去整理"，意思是妈妈认为有不得不整理的东西；如果妈妈说"屋子太乱了"，孩子要意识到"妈妈是想告诉我去整理一下"。这样的推测能力，不是人一开始就有的，是和父母在具体的相处中学会的。

● **自己想怎样做，要跟人明确传达**

比如我们跟孩子说"快去整理"的时候，孩子会找借口说"这个积木我还想玩呢"之类的话。是孩子单纯地因为整理积木太麻烦才这样说的,还是真的想继续搭积木,是妈妈无法判断的。这时,如果孩子能明确地跟妈妈说:"我想只留下积木,其他的玩具我会整理。这样行吗?"这个孩子是具备与人共同生活中非常重要的沟通能力的。

● **考虑自己和他人的方便**

孩子会从单纯地感觉"自己虽然不想整理,但客厅的玩具还散乱着会给家人添麻烦",到意识到"坐在地铁车厢的地上,会妨碍到别人",慢慢成为会考虑别人方便的孩子。

而且,如果孩子考虑他人方便后能立刻开始实际行动,他就会知道在公共场合如何注意自己的行为举止。

● **关心自己的区域和大家的区域**

家是家庭成员共同生活的场所,也有不同成员专用的场所。小时候也许没有专用的房间,但在客厅一角会有一个儿童区域,或者会和父母共用一个卧室。不管多么狭窄的地方,都应该有孩子的玩具、书和学习用的专用场所。

客厅的儿童区域如果乱七八糟的话,大家共同生活的客厅就会变得杂乱无章。因此,孩子说"这是我的地方别人不许说什么"是不行的,要让孩子做到自己的地方自己要负起整理责任。再有,如果孩子超出了他的区域,把玩具弄得到处都是,就要让孩子知道他占用了家庭其他成员的放松场所。

不能因为是大家使用的场所，自己就可以随意弄乱，为了让大家方便使用这个场所，自己也要努力整理，要提醒孩子对公共空间的维护。

● **大家一起生活时，对自己该做的事情要自觉**

与之前的两个要素相关联，在"大家"这个单位里，通过"整理自己的东西"，想必孩子已经明白，整理不是拜托别人，而是必须将自己的手、身体和脑子活动起来。

而且，如果我们能让孩子意识到"虽然不是自己的，是大家使用的物品"，而自己作为"大家中的一员"去整理好的话，是一件值得开心的事。

整理能让孩子以动起双手和身体为基础生活

最后，我们来看"以动起双手和身体为基础生活"这个要素。

现在的社会，好像容易让大家变成只用脑子去了解事物。即使不用去图书馆、不用直接地体验事物，只要在网上查一下，立刻就能知道很多信息。有"××让你不会吃亏""专业人士教你××技巧"之类的东西，为你解说各种各样的教程和案例，所以一些反复摸索却还是不知道怎么做的人被说是愚笨的人，这成了一种风潮。

虽然社会的便捷值得感谢，但是如果孩子适应了这样的状况变成理论脱离实际的人，就让人担心了。

再优秀的技术，也是从一开始的尝试—失败—再次尝试这样的循环中诞生的。有的发现是将脑子里想到的东西用手或身体去实践得来的，反过来有的发现是把用手或身体实践的东西在脑子里整理而得来的。不管是哪种，只有"脑子"和"手或身体"其中之一是不够的，正是建立在动脑动手的基础上，人才能健全地生活。

我一直认为"手动起来脑就动起来了"。在这个人们容易理论脱离实际的社会，孩子也好，已经成为大人的自己也好，希望大家能意识到身体力行是生活的基础。

通过"整理"这个需要具体地活动手和身体的工作，大家可以自然地理解以下几点。

● **不只是结果重要，过程本身更重要**

认为整理就是"把屋子收拾干净"的话，就只会追求"变得干净"这个结果。只以"干净的房间"为目的的话，请专业扫除的人员来做也可以，这样自己还能轻松。但是，很多事情正因为有了过程才快乐。

孩子们很明白这个道理，虽然他们感觉自己已经吃不下了，但如果是他们自己打了鸡蛋、切了菜做的饭菜，他们还是会很快就吃光，因为孩子享受自己亲手做的饭菜。考高中或大学的时候也是，为了考试努力学习了才有成就感。

这样重视过程的意义、专注于过程的人，才能拥有充实的人生。

● **现在该做的事情现在就做**

这就是所谓的行动力。孩子们就是开心的事立刻就想去做，麻烦的事想要过后再做。但是，被父母说了"杂乱的房间现在该整理了"，孩子就应该意识到"整理"是现在该做的事，"当场行动"起来是最轻松、愉快的。

● **坚持做完一件事的感觉很好**

孩子容易在大致整理好的时候想"就这样吧"，在彻底整理好之前，孩子可能会放弃也可能再努把力。但是，如果最后坚持整理完的话，孩子们就会明白"认真坚持做完"的感觉很好，最后的部分才重要。因为比起还留着几件随意散落的玩具和书的房间，彻底整理干净的房间会让人保持心情愉快。

● **活动起手和身体，心灵会变得充实**

不限于整理，在做家务的时候头脑和心灵反而会放松。我在动脑工作很累的时候，就去院子里除草。专心于眼前动手的工作，可以重获内心的平静。对孩子来说活动手和身体的游戏是很重要的。但是，动手的工作和游戏不一样，可以让孩子拥有使心灵充实、温柔的力量。

和孩子一起整理

这样一想,"整理"虽然有麻烦之处,但也有和孩子共同实践的价值。实际上,在我小时候、一个人生活的时候、结婚的时候,一直都很不擅长"整理",差不多到了要大声说"家务活里,我最讨厌的就是扫除"这种程度。我努力习惯扫除、整理,也有为了要和爱干净的老公结婚这个原因。

但是,生了孩子之后,为了想让孩子变成懂事、能内心充实地生活的人,我发现自己也有了一些改变。像我之前说的"和孩子一起做,父母也能养成好习惯",和孩子一起做事情并从中发现新事物的过程中,关于"整理"我也有了新的发现。不再只是因为"不得不整理"这种义务感而去整理,明白了与物品打交道、与人共同生活、活动手和身体的意义的我,渐渐变得能够整理了。

虽然我还远远没有达到能说自己"喜欢整理"的地步,但现在这样已经足够。因为不擅长就是不擅长,这个本质是不会改变的。但是,"尽管不擅长但也能自然地做到"这种程度,谁都可以达到。这样的锻炼,比起成年之后去做,从身心都还柔软的孩童时代开始比较好。

重视整理

请大家抱有"整理很重要"的信念。对自己死心的人也好、不知该如何教孩子的人也好,总之不要放弃,心里做一个"整理是很重要的事情,要让孩子学会"的决定。这个信念,会胜过微不足道的借口,让孩子正确对待整理。

还有一点。认为"只要让孩子整理他就会做"是不对的,让我们和孩子一起做起来。父母动手整理,孩子们学着做,父母自己也会发现原来"这样做就能整理好了"。这个发现,一定让人很有成就感。

这一部分的内容,始终是面向父母写的。在对孩子说"快去整理"的时候,用"为什么要整理"的理由去说服孩子或者说"我是为你好才说的"之类以恩人自居的话,会起到反作用。

即使是同样内容的道理,被人逼着了解会感到厌烦,自己意识到的话,才能明白其中的重要性。作为父母,在和孩子接触的时候,跟孩子说一句"快去整理"就足够了。说这句话的时候只要有作为父母的信念,你的感受就能充分传达给孩子了。

目录

第1章　说『去整理好』之前父母该引导孩子的事

对孩子说"去整理好"之前 …………………………………… 2

应该与"整理"区分来看待的行为 …………………………… 3

"整理"时需要做的三件事 …………………………………… 7

父母指导孩子的事 ……………………………………………… 8

让孩子10岁自立 ………………………………………………… 17

　　3岁之前——父母判断，孩子参与 ……………………… 18

　　3～6岁——父母帮助孩子判断 …………………………… 18

　　6～10岁——让孩子自己判断 ……………………………… 19

　　10岁之后——让孩子自立 ………………………………… 21

总结 ……………………………………………………………… 22

专栏　让孩子积累"买来试试看"的经验 …………………… 23

第2章 孩子房间的物品

将孩子房间的物品分区 ………………………………… 26
确定"定位"和"定量" ………………………………… 27
准备怎样的收纳容器 …………………………………… 29
不同的物品不同考量 …………………………………… 31
总结 ……………………………………………………… 47
专栏 整理的时机——
　　 "现在马上"还是"做完××之后" ……………… 49
专栏 和朋友一起整理——
　　 在有小朋友来家里玩的时候 ……………………… 52

第3章 生活中的整理

与家人共同生活是什么 ………………………………… 56
生活是一条流水线 ……………………………………… 58
做得到的事，做不到的事 ……………………………… 60
成为为别人着想、不给别人添麻烦的孩子 …………… 62
10岁的孩子，要在家庭中担任一定的角色 …………… 64
生活中的整理 …………………………………………… 66
餐桌的整理——"我吃饱了"不是结束 ……………… 67

客厅的整理——不是"大家的地方就是我的地方"………… 70

浴室的整理——考虑之后要使用的人 …………………… 75

洗脸台的整理——一直"在用"的场所 ………………… 78

洗完的衣物的整理——为了穿着舒适 …………………… 81

玄关的整理——让家的门面一直干净 …………………… 85

卫生间的整理——只要有一点污垢也令人不快的场所…… 89

让孩子也参与扫除 ………………………………………… 92

总结 ………………………………………………………… 98

专栏　从打扫开始的一天 ………………………………… 99

第4章 儿童房应该怎样使用

儿童房的不要论、需要论 ………………………………… 102

作为个体生活，独立房间是必要的 ……………………… 104

家和儿童房一样 …………………………………………… 107

孩子的房间就是孩子的自我 ……………………………… 109

从几岁开始，给孩子怎样的场所 ………………………… 110

孩子房间的布置方法 ……………………………………… 113

3岁之前——在母亲的身边 …………………………… 114

3岁开始——给孩子一个儿童房 ……………………… 118

6岁开始——让孩子意识到自己有了"单独的房间"…… 122

10岁开始——让孩子自己管理房间 …………………… 130

总结 ………………………………………………………… 133

专栏　针对孩子"给我买！"的对策 …………………… 135

专栏　针对爷爷奶奶、姥姥姥爷的对策 ……………… 138

专栏　收到的物品如何处理 ……………………………… 142

专栏　希望大家成为这样的父母 ………………………… 144

12个月的整理日历 …………………………………… 147
结语 …………………………………………………… 152

第 1 章
说「去整理好」之前父母该引导孩子的事

对孩子说「去整理好」之前

大家想一想我们在厨房忙碌的场景。

为了让我们想着"好了,开始做饭吧",就立刻可以开始做,我们需要把厨具、调料和食材准备好,还要必须知道厨房的哪些地方都有什么才行。

在新居的厨房里,我们没办法立刻就做饭,在借来的公寓或是好久没回的老家,不了解厨房的情况,拿手的菜也做不出来。

但在用习惯了的厨房里就不会出现"不知道锅在哪里"的情况。做饭过程中想用酱油调味的时候,不用想就能立刻把手伸向酱油瓶。因为不用费脑子去想,身体就能行动起来,立刻拿到想要的东西,专注于做饭本身。

整理也和做饭一样。让孩子不需要去想"我把书放哪去了""桌子上就这样可以吗"这些多余的事情,身体立刻能行动起来,这样的整理靠孩子的力量就足够能实现了。"塑料模型放在这个架子上""别把脱下来的睡衣放在被子上",这样一个一个给孩子传达指令的话,孩子只会惊慌失措,无法专心整理。

应该与"整理"区分来看待的行为

那么,怎样的状态是"能够让身体立刻行动起来的状态"呢?

为了找到这个问题的答案,我们在此将"整理"这一行为做一个充分的分析。首先,我们来从思维方式上区分常与"整理"搭配出现的、在"整理"前一阶段出现的行为,不要与整理行为混为一谈。

"整理"与"打扫"是不同的行为

在日常生活中，整理也好打扫也好，都可以统称为"打扫"。在做"大扫除"时，我们会整理散乱的物品，用吸尘器和拖布除尘去垢。因此，人们不知不觉中就将这两种行为在认知上混为一谈了，但其实整理和打扫是不同的行为。

面向孩子们的关于"整理"或"大扫除"的故事有许多，然而在读过之后，发现其中对"整理"和"打扫"并没有做什么特别的区分。

我们来区分一下这两种行为。如果你认为自己是"不擅长整理的人"，那么你到底是不擅长将物品收拾得当，还是不擅长除尘去垢的人呢？如果有一个人让你感觉到"他很爱干净"的话，那个人是能够将家里的物品整理得很好，还是可以将房间的角落都打扫得一干二净呢？

顺便一说，我就尤其不擅长打扫。视力不太好加上天生的性格使然，少许灰尘对我来说可以忽略成"没有"。但是，靠垫摆放得有些歪、电视下面的录像带堆积如山这样的情况我就难以忍受。因为我无论如何都看不下去，所以就一点点地把它们摆正、收好。

这不仅仅是个人习惯的问题，更意味着这两种行为着眼的方向是不同的。让孩子既喜欢打扫又喜欢整理固然很好，但首先，在本书中我们不把"整理"和"打扫"的概念混为一谈。

"整理"的时候，让孩子专注于整理本身；"打扫"的时候，让孩子专注于打扫本身。把这两者为孩子区分开来，就减少了孩子一半的心理负担，这样可以让孩子更容易付诸行动。

"丢弃"与"整理"是不同的行为

整理,总而言之是一种"把物品收到拿取方便的地方"的行为,更准确地说是"把使用的物品收到拿取方便的地方"的行为。

我们不经意间忽视了行为的对象是"使用的物品"。首先,我们要区分"使用的物品(需要的物品)"和"不使用的物品(不需要的物品)",有必要让不需要的物品从手边消失。

然后,仅把使用的物品收到该放的地方,我们就会很轻松地做到"整理"了。

孩子比大人更有一种倾向,视自己手边"存在"的东西全都是"需要"的。如果妈妈说"已经不能用了",要扔掉孩子的旧玩具的话,明明已经把这个玩具遗忘的孩子,会哭着阻止说"我还要玩"。得到了完全不重要的角色周边赠品,父母说着"这个不需要吧"要给别人的时候,孩子会说"需要的",然后抱着这个东西不撒手。

这些实际上"不需要的物品",因为孩子"需要",没办法就再次把它们留下来,如果这样,不管过多久,整理还是会一样的困难。在把这些东西收进箱子、放回柜子之前,父母要问孩子"还用吗?不用了吗?""扔了也没关系吧?",给孩子一个自己做判断的机会。

当然,无论在父母看来多么没用的东西,孩子如果说了"这个对我很重要"的话,就不能强行扔掉。反过来说,就算是在父母看来全新的"需要"的东西,如果孩子说"我不需要了",就毫不犹豫地扔掉,或者送人,处理掉就好。

不过,不管怎么说孩子只是孩子。客观上来说孩子还没有那么强的判

第1章 说"去整理好"之前父母该引导孩子的事 5

断力。之后我们会说这个话题，以孩子 10 岁为分割点，10 岁之前父母可以跟孩子说"这个东西因为这样的理由，已经不能用了"或"虽然你说了不需要，但是把它留下会更好"这样的话来引导孩子。

补充一下，父母瞒着孩子擅自把孩子的东西扔掉这种事，最多做到孩子 3 岁。不少父母都有这样的经历：某一天，孩子忽然想起来被扔掉的东西，说着"咦，东西哪去了"，继而大吵大闹起来。

所以，孩子需要自己做出"扔掉"的判断，万一后悔起来，对孩子来说也是非常重要的经历。就算父母不跟孩子说"我不是跟你说了不能扔"，孩子也一定能感受到，扔掉东西是自己做的判断而不是别人的错。孩子会反省自己"没考虑清楚就把东西扔掉，后面就会出麻烦""我明明考虑好了才扔掉的，怎么会这样"，找到符合自身的需要注意的地方。这些注意点是非常重要的收获。

"整理"时需要做的三件事

接下来就是"整理"了。区别于"打扫"和"扔掉"的"整理",是一种怎样的行为呢?

观察孩子的日常行动,似乎孩子们有以下三种行为。

1. 没有把拿出来的物品放回去。在家看的书或者使用的剪子、学习用品、玩具或毛巾等,这些东西用完后当场放回去就好,但现实是很多孩子做不到。

2. 没有把带出去的物品放回去。衣服、背包、手机、便当盒这些随身的物品,在外面的时候是带在身上的,所以孩子们觉得自己就是这些东西"该放的地方",回到家之后把它们扔到一边就不管了。

3. 没有把带回来的东西处理好。孩子把之前家里没有的东西拿回家,也没有考虑该把东西放哪儿的时候,容易把它们扔在一边,或是随手塞进抽屉,把抽屉挤得满满当当。

这样看来,最好让孩子学会的"整理"技能,是以下三点:

- 用过的物品,用完之后立刻放回原处
- 随身携带的物品,放回先前收纳的地方
- 拿回家的物品,整理好(或者扔掉)

如何让孩子进入"身体能够立刻行动起来"的状态,父母该如何指导孩子,是我们接下来要介绍的。

父母指导孩子的事

为了让孩子在整理的时候,不需要逐一思考也能动起双手和身体,父母首先该做的事情是什么呢?

父母指导孩子的事之一 定好整理的位置

像我之前举了厨房的例子,如果因为不熟悉厨房而思考或迷茫,做饭就会变得麻烦。如果是在即使不用思考也能动起双手和身体的状态下,做饭就会一下子变成轻松的事。

关于整理,为了让我们不用思考也能做好,有件事是必要的,那就是"确定好这件物品该放的地方"。

剪子在最上面一层抽屉;打印的文件在第二层抽屉;玩具娃娃在床旁边的架子上;毛绒玩具在玩具收纳箱中间那个格子里;遥控车在玩具收纳最上面一层架子上;帽子在玄关的帽架上;脱下的制服挂在墙面的衣架上……

像这样规定好东西的摆放位置,东西散乱了孩子只需要放回去就行了。如果是新买的东西,放到相同种类的东西所在的地方就好。就算物品稍微有些不同,思考一下"这件东西该怎么分类呢""塑料手办也是模型,和遥控车放在一个架子上吧""彩色铅笔可以和蜡笔放在同一个抽屉里",这样的话即使是孩子也可以自行判断。

在孩子达到自行判断的阶段之前,应由父母指导他们将东西放回规定的位置。

区分"物品有哪些种类",判断"物品放在哪里,怎么放",这些对孩子来说是非常困难的事情。

因此,父母要把孩子的所有物大概看一看,首先把握孩子都有什么种类的物品,然后按种类划分区域。比如,"服装区域""学习用品相关区域""玩具相关区域""书区域"等。关于区域的构成,我们会在第 2 章进行更详细的叙述。

然后,一整个区域里,再细分出"应放物品"的专区。如果是"服装区域"的话，里面就有"毛衣专区""衬衫专区""内衣专区"等。父母要为孩子的各个专区准备收纳容器。每个区域的具体收纳方法，可以参考第2章。

父母仅仅决定了收纳的位置是不够的，还要考虑这些物品大概在什么量之内才是可以的。不要没有限制地让孩子把东西塞得满满的，要思考孩子自己能够管理好的量是多少以及他们能完全利用的物品的量是多少。

需要多少物品，对孩子来说也是个难题，因为孩子还看不到自己生活的整体情况。父母要做出"让孩子正常生活，给他这些东西就足够了"的判断，为孩子做出"迷你车就放在这个箱子里"之类的决定。

父母指导孩子的事之二 定好整理的量（刚刚好的量）

如果孩子在整理的时候，跟你说"箱子里放不下了"，父母要对孩子说"你箱子里不是还有坏掉的和不需要的东西吗"，然后让孩子把坏掉的和不需要的东西扔掉。不要因为东西太多了放不下，就轻易地给孩子再准备一个箱子，增加孩子整理物品的量。

这和后续要提到的第四点也有关系，孩子整理的"一定的量"，最好是维持在收纳空间容量的7成左右。如果把收纳容器装到10成，甚至是15成的话，那么把东西拿出来再放回去就很麻烦了。况且塞得太满的话，连想取出来都变得很麻烦。

在孩子说"箱子放不下了""架子摆不下了"之前，其实有很多可以处理不需要的物品的机会。这种时候，如果养成跟孩子一起确认"箱子里有没有不需要的东西"的习惯，之后的整理就轻松了。

当然，在父母看来，如果能够判断出"确实，一个箱子不够"的话，增加箱子的数量也没关系。这是因为对于孩子来说"刚好的量",比父母最初的判断要多的缘故。

接下来,我们来看上述三个行为,特别是其中需要父母指导的地方。

用完的物品立刻放回原处这件事,真的是一件很简单的事。因为只需要把东西放回它一直在的地方就可以了。但是事实上,简单的事情并不能够简单地做到。

就算是大人,也经常是用完指甲剪不小心就把它扔在了桌上;读完的书没有放回书架,放在了沙发上;摘下的围裙随手挂在椅背上……

因为大家都是成年人了,所以这些事只能靠自觉。在孩童时代养成"用完东西立刻放回原处"的习惯才是最好的。作为父母,我们要设法让孩子养成这种习惯。

父母指导孩子的事之三 告诉孩子整理的时机

如果孩子把拿出来的东西放置不管,父母要提醒他"不要把剪子放着不管"。

跟孩子说"现在把剪子放回去"这句话时,就是告诉孩子整理的时机。

时间稍长的情况也是一样。孩子在玩的时候,一开始是积木,然后是玩具火车,接下来是折纸……如果孩子这样接连不断地把东西拿出来的话,父母就要稍微提醒孩子"先收拾一下,再继续玩""不玩的玩具先整理好,再拿别的玩具"。或者在一天结束的时候跟孩子说"好了,已经晚上了,把东西全部整理好"。

不管是哪一种,"把拿出来的东西放回去"都是习惯的问题。刚开始的一两次，孩子可能会不愿意，跟父母顶嘴。但是，如果父母做出"把拿出来的东西放回去是理所应当"的样子，不厌其烦地持续跟孩子说的话，孩子会逐渐觉得"确实是这样"，就像"卫生间没人用的时候如果灯亮着就要关掉"一样理所应当。

人本来就是不喜欢被人指使、被人要求的动物。一件事如果是自发去做就没什么，被人命令去做就觉得很痛苦。被父母命令去洗碗很不愿意，但是想着要帮母亲干家务而说"今天我来洗碗"，就会感觉心情很好。类似这样的记忆相信大家都有。

如果父母和孩子的关系进展得很顺利的话，父母不说，孩子自己也会主动去做。

为了达到这种效果，父母在提醒孩子的时候，需要有把握时机的智慧。在孩子正准备整理的时候指责孩子"东西都扔着不管"的话，会被孩子反驳"我明明正要收拾"，就会起到反作用。

不管怎么说，我认为父母能做的对孩子的说教，就是对孩子不厌其烦地提醒。别人说一遍就放弃的事情，正是因为自己是父母，才要对孩子不厌其烦地说。就算父母自己都觉得烦了，也要不断地说。不要让感情左右自己，坚守自己作为父母的责任，不厌其烦地劝诫孩子。

在孩子能被不断地说服养成习惯的年龄段里，父母不能放弃，要坚持下去。

父母指导孩子的事之四　整理要做到方便取出和放回

为了让孩子把带出去的东西放回收纳的地方，之前第三点说的"告诉孩子整理的时机"是十分重要的。在孩子把兴趣班的包扔到玄关的时候，父母只需要对孩子说"你的包还在玄关呢"，孩子就会意识到"得去整理"了。就算是孩子也知道东西还是整理了更好，因此不需要对他们说"快去整理"，只需要向他们指出"椅子上有你的便当盒"这种状况就足够了。

但是，只是向孩子告知整理的时机，还不能让他们把带出去的东西放回原处。

我们前面也说过，如果把物品收纳的位置都定好，孩子不用思考也可以动起手将物品整理好。比如，试着想一下，把每天穿的大衣的规定摆放位置设在卧室衣柜，假设卧室在2楼，玄关、洗脸台和客厅在一楼。孩子在玄关将大衣脱下，洗完手后不经意间就坐在了客厅的沙发上。睡觉的时候，终于想起来要把大衣拿到卧室，但想着反正明天还要穿，孩子可能就把大衣放在了客厅。

如果在脱下大衣，到去洗手的地方之间有一个挂大衣的地方，就能很好地完成将大衣挂好这件事。我认识的人里，有人在玄关为自己的三个孩子分别准备了各自的置物篮。为的是让孩子们把带去学校的东西，回来的时候放进篮子里。

即使如此，她还是叹息说"其实收拾那里的人还是我"。如何想让孩子自发地行动起来，就要看各位父母的手段了。

每周去一次绘画教室时带的绘画工具箱，如果将它的位置定在需要站在椅子上才能拿到的书架的上层会怎样呢？孩子们拿着工具箱回来的时候，觉得站在椅子上放回去太麻烦，不自觉就会把工具箱放在地上一个星期。

这些例子说明在决定物品位置的时候，需要慎重一些。在需要站在椅子上才能够到的地方，放置不怎么常用或一年使用一两回的东西。每天、

第1章 说"去整理好"之前父母该引导孩子的事

每周一次频繁使用的物品，放在伸手就能够到的、不需要蹲下且取出放回都能方便的地方（放在箱子里的话要打开箱子很麻烦，因为不摆放整齐就收不进箱子，所以放回去时候很麻烦）。

孩子从外面拿回来的东西，不太容易整理（或者扔掉）。但如果定好了物品的位置和量，明明只需要把东西放到相应的地方就可以，为什么会不容易呢？孩子们可能有很多理由，主要还是因为麻烦。

为了让孩子能整理好拿回来的物品，这里为大家准备了强有力的禁止事项。

父母指导孩子的事之五　制定整理的原则

原则，也就是禁止事项。"不管别人家怎么样，不管你自己什么原因，这件事不能做就是我们家的规矩"，父母要制定这样的规则。关于之前写的"定位""定量"也一样，没有通用的位置和量，只有适合各自孩子和家庭的、大家自己的"原则"。因为是大家各自家庭中的规矩，所以根据夫妇的价值观灵活制定就可以。

稍微说句题外话，我认为"制定家庭中的生活原则"这件事，是非常重要的。例如"吃饭的时候要等家人都齐了再吃""不要边看电视边吃饭""被叫到的时候要答应""早上要和家人说'早上好'"……

这些"原则"因为"爸爸和妈妈定好了要这么做"，就足够了。在决定"要这么做"之后，夫妇要努力遵守原则，就算孩子反抗也要让孩子遵守，这样就能具备让大家顺利执行下去的基础。

接下来，关于整理，我向大家推荐的原则有以下两条。

原则一 家庭公共空间不放置个人物品

换句话说，就是要区分开家庭中公共空间和私人空间的原则。

就像我们前文所说，家是"个人"使用的空间，同时也是家庭成员共同使用的空间。

玄关、走廊、洗脸台、浴室、卫生间、客厅等，是家庭成员共同使用的空间，是公共空间。我意识到一个问题，家能不能成为一个舒适的地方，和是否很好地管理了家庭公共空间息息相关。

一般来说，只由母亲管理家庭公共空间的家庭比较多。每天，母亲将玄关的鞋子收进鞋柜，打扫卫生间，把家里每个人带到客厅的东西放回各自的房间。但我觉得，只有使用公共空间的家庭成员都注意整理，家才能变成放松心情、感觉舒适的地方。

正因为孩子在童年阶段，我们才想要让他们养成这个习惯。如果孩子把拿回来的东西放在玄关或者客厅不管，请告诉孩子"玄关有你的东西的话，会很碍事""把客厅里你的东西拿回自己房间"……

首先父母要让孩子把放在公共空间不管的东西拿走，不过不是再拿到私人空间放着不管，而是指导孩子将物品直接整理好。

原则二 不将物品放在其他物品"上面"

鞋柜上面、地板上面、桌子上面、收纳柜上面、洗衣机上面……这些东西的"上面"会立刻成为孩子们"暂时放东西的地方"。如果父母定下这些东西"上面"不许放置物品的规矩，孩子们就会想与其找其他地方放东西,不如把东西收到"该放的地方"更轻松。

特别是孩子的房间或客厅的地板上面很容易散落孩子的物品,以这样乱着为常态的家庭也不少见。如果能让孩子有"地板上的东西,不管什么时候扔掉了也不许抱怨"这种危机感的话,只需跟孩子说一句"你看看地板上",也许孩子就会去把东西整理好。

归根结底,还是父母的信念的问题。

在信念这个层面上,就不是原则了,而是作为父母,说出口的事情就要执行,不能对孩子撒谎,父母要为此努力。

对孩子说"不整理就扔掉了哦"的人很多,真的把东西扔掉的人有多少呢?就我自己而言,因为孩子乱放的东西一个接一个,让我没有勇气都扔掉,在说了很多次"不整理就扔掉"却没扔之后就放弃了。与其让孩子像狼来了里面的村民一样不再相信这句话,不如去想别的办法。

从某种意义上说孩子是很狡猾的动物,能看出来父母是真的要做还是只是嘴上说说。如果是我丈夫对儿子说"快去整理",儿子能够察觉到他是真的在生气,立刻就会整理好,但如果是我对他说"去整理一下",他就不会行动。因为儿子看透了我心里某处在想"我还是去帮帮他"或者"他都困了,怪可怜的"。

如果说了要扔掉,就真的会扔,说了现在立刻去整理,整理好之前不能看电视(或者不能睡觉、不许吃饭等)就真的做到,父母要用强硬的认真的态度让孩子知道自己的想法才行。

让孩子 10 岁自立

本书之前虽然一直用"孩子"一词概述，但 3 岁的孩子和 8 岁的孩子肯定是不一样的。从什么时候开始可以让孩子自己去整理、到什么时候为止由父母整理，让人有些拿不准。

我认为可以分别以 3 岁、6 岁、10 岁为目标阶段。这是根据我看到的自己的孩子、朋友的孩子、侄子侄女、外甥外甥女，还有想到自己孩童时代而得出的三个目标阶段。按孩子的成长轨迹来说，孩子 3 岁去幼儿园、6 岁上小学、10 岁开始担任班级委员等工作，都是确立自我形象的时期。

从这个角度去看，上面的阶段区分应该还算妥当。

3岁之前——父母判断，孩子参与

孩子3岁之前，关于整理的事情大多还是由父母来判断。这样的话，孩子在一边看着会很困扰，父母可以跟孩子说"来整理一下吧"，然后和孩子一起整理。

即使父母做了9成的工作，也要让孩子参与1成。"书要摆在这里哦""兔子玩偶放在这个箱子里"这些工作，孩子很小也可以做到。只是在这个过程中，父母要告诉孩子"放书的地方（定位）在这里""玩偶装不进箱子了（定量），就把不需要的东西扔掉"等，让孩子理解整理是有原则的，整理的时候遵从原则动手操作就可以了。

和孩子一起整理之后，父母要心情愉悦地对孩子开心地说"变得整洁了呢""你整理得真好呀"，让孩子在话语中意识到"把房间整理好是一件让人开心的事""整理好的房间令人心情愉快"。

3~6岁——父母帮助孩子判断

孩子过了3岁，婴儿的特征逐渐消失，成长为幼儿。对孩子说"自己去做"这样的话就没有了效果，孩子会质问父母"为什么"，因为他们进入了反抗父母的时期。

正是因为这样，在这样一个时期，父母要尽可能地给孩子制造"自己去判断"的机会。我认为让孩子从很小的时候认真思考，就能让孩子做到将自己的判断用语言表达出来。

 会整理的孩子走到哪里都超棒

问问孩子"你觉得书放在哪里好呢""这件衣服还穿吗?妈妈觉得衣服已经小了,打算送人"之类的问题。最开始孩子会回答"我不知道""怎么办呢",这时候父母可以说"不如试试这样""妈妈觉得这样做就好"来提示孩子。

在这过程中,无疑能让孩子明白"事情没有绝对正确的答案,自己如何做判断才是最重要的"这一道理。

另外,关于整理的时机也很重要,父母指责孩子"装玩具的箱子乱七八糟"之前,首先要留一个引导孩子能够自己整理的时机。怕孩子不知道该怎么整理十分茫然,或是打算整理却开始玩了起来。这样的话,妈妈跟孩子说"要不要妈妈帮你"之类的话,至少用"帮忙整理"这种形式来引导孩子去整理。

在这种时候,孩子会充分体会到"以自己的力量整理好了"这种成就感,和"整理得很好,妈妈夸奖我了"这种满足感,认识到整理是一件十分有益的事情。

6~10岁——让孩子自己判断

这个时期,孩子能做到按照规则行动、考虑他人方便了。作为一个人,开始进入基于自己的判断,能够协调自己与其他人方便生活的时期。

关于这个阶段的整理,与其说是做与之前不同的事,倒不如说是让孩子一个人完成父母一直以来指导的事情。

如果家长看到房间乱得让人难以忍受,或者觉得是时候规定整理的"定位"和"定量"了,不要犹豫,向孩子指出整理的时机,或者给他们些建议就可以了。当然，当孩子来求助的时候，和孩子一起思考也很重要。

此外，应该有很多父母在孩子刚上小学这个时期，给了他们一间"儿童房"，或者一张学习桌。我会在第 3 章详细介绍有关儿童房的整理内容，这是一个孩子对"自己的私人空间"变得敏感的时期。例如，规划一个摆放自己喜欢的放娃娃的区域，或者选自己中意的角落，在那里一边自言自语一边玩……

说起来，我刚上小学低年级的时候，钻到妈妈的缝纫机下面，就进入了幻想的世界；钻进走廊尽头的壁橱，在黑暗中和人偶玩耍，也创造了一个属于自己的世界。在我沉浸于自己世界的时候，如果妈妈叫我了，就好像突然从自己的世界里被拉了回来，我还记得那种不情愿的感觉。

一定是这个时候我有了"自我萌芽"，让我开始意识到"我是一个个体"的缘故。

孩子的私人空间，基本上可以根据他自己的想法，按照喜好自由安排。但不管怎么说这也是在"家庭"成员共同生活空间里的私人空间，因此不要有对家人隐藏的地方，不要给家人带来麻烦。

至少，未满 10 岁的孩子的私人空间，最好随时向父母开放。父母虽然不会干涉孩子，但是可以留心孩子的房间，这对父母和孩子来说都是好事儿。

根据孩子自己的想法，按照喜好自由安排，这种给孩子"自由"的背后，还让孩子承担起一种"责任"，就是自己好好管理自己。在这个时期，父母需要给孩子一些整理建议，但是可以一点一点地放开手不去帮忙。

10岁之后——让孩子自立

10岁之后的孩子开始进入青春期，慢慢成为一个独立的人了。到这个时候，父母已经让孩子了解了家庭的整理原则，也为孩子的整理工作打好了基础，作为父母应该可以放手了。

父母擅自整理、打扫孩子的房间不在讨论范围内。这个时期是父母引导孩子自己做如下事情的时候：脏了的体操服不要留在房间里，要放进洗衣篮；床单脏了就自己换下来拿去洗；垃圾桶满了就自己把垃圾袋拿到垃圾存放处……

虽然这么说，即使年龄到了10岁，他们也只是孩子。无论是在精神上，还是在经济上，孩子还是要依赖父母（或者说受到父母的保护），是在此基础上才能自立的状态。

这是一个孩子容易觉得自己什么都能做到的年龄段，但偶尔也要让孩子意识到自己是受父母保护的。当孩子在某件事上试图强加自己的规则的时候，父母要坚决地说："你需要遵守爸爸妈妈制定的规则。"或者在孩子决定重要事情的时候，即使做出决定的是孩子自己，也要征求父母的同意。

总结

父母做到这些能让孩子更容易学会整理

1. 确定东西该放的地方。

2. 确定收纳空间及正好的量,不要轻易增加收纳空间或收纳箱,让孩子养成扔掉不需要的东西的习惯。

3. 为了让孩子养成用完东西马上放回去的习惯,要不厌其烦地引导孩子。

4. 把物品放在合适的地方,让物品容易取出、放回。

5. 制定"我们是我们,别人是别人"的家庭规则,规则可以根据父母的价值观来决定,一旦决定了,就一定要遵守。

专栏

让孩子积累"买来试试看"的经验

作家向田邦子描述过自己的一段经历。

当她还是个孩子的时候,每年向田家都会给孩子买一套出行穿的新衣服,衣服可以由孩子自己选择。

有一年,向田看中了一件黄色的连衣裙。那是一件少女会喜欢的有蓬松感的衣服,衣服上面镶着黑边,看起来很漂亮。

虽然父母给她推荐了更高雅、更正统的衣服,但向田还是坚持要这件衣服,于是父母按照"让孩子自己选"的家庭规则买了这件衣服,作为"今年出行的衣服"。

明明是自己中意的衣服,但穿了几次之后,向田就厌倦了。但是"今年出行的衣服"就是这件,所以一家人出门的时候必须穿。就算想换别的衣服,父母也会说"是邦子自己选的",不允许她换。就这样过了一年,到了可以选购新的出行衣服的时候,向田终于松了一口气,这次选择了父母推荐的相对正统的服装。

当我读到这个故事的时候,我觉得自己学到了"让孩子自己体验"的意义,以及该如何去做。如果是父母选的衣服,孩子可以用"我讨厌这些衣服"来把过错归咎于别人;但是,如果是自己选的,那么责任就在于自己。

当孩子们感到"果然选错了"的时候,父母不要只是说"都告诉过你了",要先跟孩子说"我们说好了买了就要穿的",让孩子穿一年自己选的衣服,孩子一定能切实感受到少女时代向田的感受。不要跟孩子说"要不然穿去年的衣服吧?"或者"没有办法了,不然再给你买件新的吧?"能让孩子对自己的选择负起责任的父母是十分了不起的。

有了这样的经历,哪怕只有一回,孩子们就会意识到"如果仅凭自己乍一看的印象来买衣服,可能会后悔""要有自己的主见,但有时参考别人的意见也不错"等。如果父母只让孩子穿父母喜欢的衣服,那么孩子永远也学不会选择适合自己的衣服。

哪怕他们一开始会失败,也要让孩子们有选择的权力。而且,不要掩饰选择的结果,要让孩子切身感受到选择的意义。

等孩子成年再这样做就太迟了。通过让他们在孩童时代积累这些经验,孩子就能够对自己负起责任,将来也会很好地选择事物、职业和生活方式。

第2章 孩子房间的物品

将孩子房间的物品分区

在本章里,我们将具体介绍孩子房间里的物品。首先要把话说在前面,这只是我的方法论,不是绝对正确的。如果大家能在参考的同时,找到符合自家孩子个性、家庭空间和自己的思考方式的方法,那就太好了。

这里假设大家的家里有单独的"儿童房"。孩子专用的空间该怎么办,有什么问题,我们会在第 4 章提到。

孩子房间里的物品都有哪些种类,我们来细分一下。

1. 学习相关
2. 书·杂志
3. 兴趣学习用品
4. 玩具·游戏道具相关
5. 衣服
6. 床上用品

一般来说孩子房间的物品有这六类。

每个孩子应该都有专用的家具,让我们把这些家具的周围,分出放各类物品的区域。我们"把学习用品都放在这里""衣服都放在这里",这样把每种物品集中放在一个地方。

那些一直在找东西、不知不觉中东西越来越多的人,大多是把同一类物品分别放在了不同地方。因此,我们首先要把相同种类的东西放在同一个区域。

每个区域里都有什么样的物品呢?

如果是学习相关,可以分为"教科书·参考书专区""笔记·纸类专区""笔记用品·文具专区""打印资料专区""其他物品专区"等。

针对各个专区,我们来决定它们的位置和量。"教科书·参考书专区,选定在书架的第一列""笔记·纸类专区,选定在桌子最上面一层抽屉""打印资料专区,选定在桌上的收纳篮里"之类。

在定位的时候,不要忘记遵循"取出和放回方便"的原则。分区时候的要点是"不要分得太细,也不要太粗略"。

按照人的大脑大致能够把握的程度,也就是说如果没有细化到能让人想起"笔记本要放在这里",想把笔记本放回去的时候就不知道该放哪儿了。这样一来,孩子就觉得笔记本放哪里都无所谓了,于是把笔记本随手插到别的地方。

分类太粗略的话,以后想用的时候就不能马上拿出来。如果不是按照只需要在里面稍微找一下就能找到的程度把物品归于适当的区域,那么就变成了物品摆在哪里都无所谓,家里越来越乱七八糟。

大致来说,同一个区域的物品,如果没有分出五六个

确定『定位』和『定量』

专区的话，自己就会不知道里面都有什么了。

特别是零碎东西很多的玩具、游戏道具专区，虽然想把它分得细一点，但分开了却不能执行的话就没有意义。"玩偶的箱子""扭蛋和赠品的盒子""折纸和贴纸的抽屉""绘画工具和黏土的抽屉""其他物品的箱子"……让我们把区域分成这种程度，并为各个专区准备只要看一眼就能确认里面都有什么的容器。

我的孩子5岁的时候，"其他物品的箱子"里的玩具数量太多了，而且都是些不能扔掉的东西，所以我们又分了"常用的其他物品箱子"和"不常用的其他物品箱子"两类。这种程度的分区收纳，即使是孩子也能很好地执行。

准备怎样的收纳容器

喜欢收纳、整理的女性,真的很擅长利用置物篮。我很羡慕这样的人,像我这样不会整理的人,想把置物篮、箱子、文件夹等收纳容器用得熟练而且摆放得井然有序还是有点困难的。

整理,就是要把物品收到该放的地方,就算那个地方有些杂乱,没有按顺序排列,只要使用起来方便就可以。

从这个意义上来说,父母不应该给孩子准备"重视外观"却用不惯的收纳容器。

比如说,收纳容器有盖子的话,就看不到里面是什么。孩子嫌打开盖子再把东西放回去麻烦,可能就直接放到盖子上面了。

在"放纸质资料的抽屉"里面，就算用塑料制品的容器进一步分类，按照分类逐一放进去也很麻烦。只要知道抽屉装的都是纸张就行了。即使抽屉乱七八糟，只要在这个抽屉里找，就能找到需要的纸张。

为了整理玩偶，给孩子准备了用他们的力量很难移动的衣服收纳箱，孩子将玩偶取出来之后放在外面，就不放回去了。慢慢地，衣服收纳箱就会空着，而玩偶会被放在一旁的箱子或者架子上面。

如果只是准备一个架子或者一个抽屉，孩子就可以直接将玩偶放回去了。如果不能仅仅通过架子或抽屉来分区，父母可以准备一个没有盖子的容器或者盖子开合方便的容器，让孩子把玩偶放进去就行。

关于孩子房里的具体物品，大体应如何考量，我们来列举一些方法。

不同的物品不同考量

第2章 孩子房间的物品

玩具——分区之后保持数量不变

10岁以下孩子的"玩具和游戏道具"是随着年龄增长而不断更新换代的。父母要熟练地把孩子的玩具更新换代,并让玩具保持一定的量。

在孩子使用的收纳空间里,从一开始就需要的是服装收纳区和玩具收纳区。如果孩子到3岁时,他的东西只放在客厅角落里的一个玩具箱或者柜子里就够了。但是,必须给孩子制定这样的原则:"玩,只能在这个区域""晚上睡觉的时候把玩具放回玩具收纳箱",让孩子知道玩玩具的时候"就是要这样"。

孩子3岁之后,玩具会出现多样性。在这个时期,为了能够确保玩具数量稳定,最好给孩子在"玩具区域"准备放玩具专用的柜子或壁橱。有关玩具如何分专区,我们在前面已经提及,大家可以参考。

关于物品分区,我们应该每过几年就重新考虑一下。不要持续增加新分区及新分区所需收纳容器的数量,而是处理掉"不再玩的玩具",将容器里的地方腾出来,把"新的能玩的玩具"放进去,并重复这个过程。

对于就算不玩了,但是孩子"无论如何都要留着"的玩具,父母可以把它们放进纸箱,移动到柜子最顶层或者储物间之类的地方,但是不要单纯地收起来,比如你可以给10岁孩子一个房间,给他一个机会去考虑:"你会怎么做?"

书包——注意放回方便

早上,孩子带着它出门,回来之后很容易就把它扔到一边,所谓书包、背包就是这种东西。"为什么玄关、客厅总有书包扔在那儿？"父母也因此感到生气。

重点在于，当孩子回到家的时候，把书包放回收纳区是否方便。

如果你的房子玄关有空间，你可以在玄关做一个挂书包的架子，因为考虑到孩子的学习时间，我建议大家可以在桌子旁边找一个坐在椅子上也容易拿到、容易挂的地方，做一个挂书包、背包的架子。孩子学习的时候把包挂在上面，第二天早上之前恢复原状。

因为是每天都要用的东西，所以不要放在带门的衣橱里或桌子下面等难以取出的地方。即使是微不足道的原因，比如钩子太小，或者必须用双手才能挂上，也会让孩子觉得把包放在那里很麻烦。找一个形状合适的钩子，在方便的地方做个架子，让孩子一只手就能挂起来。然后不厌其烦地告诉孩子那里是放包的"固定位置"，孩子不想再听父母的唠叨，就会自己将包挂在固定位置了。

纸质材料——规定固定位置

这些都是孩子习惯扔在桌上不管的东西。如果是考了不想让父母看到的分数，孩子可能直接把试卷扔到垃圾桶。

对成年人来说，这些纸张就相当于平时发来的传真或信件。孩子有要给父母看的东西，就放在固定的位置，比如贴在冰箱上、放在厨房里的专用盒子里。

父母会一个接一个地扔掉他们已经处理完的。如果事情转记到日历上就可以的话，就不要留纸条了。尽量确保那个盒子是接近空着的状态。

如果是孩子用的东西，就找一个抽屉当作"试卷和印刷品专区的抽屉"，这一类的东西可以不用考虑直接放进去。不用分类归档，只要定下同类物品"一定在那个抽屉里"，找的时候只要找那个抽屉就行了。

如果抽屉装满了，让孩子和父母一起把物品分成"留下的东西"和"可以扔掉的东西"，然后把留下的放进专用箱子，不要的扔进垃圾桶。

此外，在上小学之前，纸类资料最好还是由父母来管理，而不是让孩子们自己来判断。在幼儿园，也有老师亲自将资料给父母的做法。不管怎么说，在上小学之前，父母还是每天对孩子的书包检查一下比较好。

体操服、室内鞋、便当盒等——准备好容易收纳的地方

孩子们把这些东西带到学校后拿回来，就那样扔着不管的情况很多。我们经常听到这样的说法："如果孩子不自己把穿过的衣服拿出来，就让衣服脏着不管"，用这样的方法来对付孩子随便把衣服扔一边的行为。根据我小时候的经验，我认为这个方法不太有效。孩子说："我知道必须要把脏了的体操服、室内鞋、便当盒……交给妈妈。但是，总是想着'一会儿再给'，等我意识到的时候，已经是第二天早上了，或者已经是星期一了。"

唯一的解决办法，就是在玄关和房间之间留出一个地方来放脏了的物品，让孩子在自然的行动中就把东西放在里面。

如果在玄关放一个脏衣篮的话，有人来的时候会很尴尬，所以让我们好好考虑一下地点。如果从玄关去孩子房间的走廊途中有洗脸台，就

在洗脸台前准备好篮子。如果要经过客厅,就在客厅的一个角落准备篮子。

大家一定讨厌客厅和走廊乱七八糟的。但是,如果让孩子在 10 岁之前养成"把脏了的衣服放进脏衣篮"的习惯,我们就可以把放脏衣服的地点换到更隐蔽的地方,比如洗手间或者洗衣机里,孩子也能行动起来。

即使如此,孩子还是不能把脏衣服和便当盒等放在固定位置,那该怎么办呢?如果父母一边生气地说着"真是的",一边走进孩子的房间,把脏衣服和便当盒从书包里拿出来的话,那么孩子会一点进步都没有。父母应该跟孩子说"体操服或便当盒还没有拿出来"之类的话,让孩子自己把东西拿过来。

父母已经提到了书包里的东西,所以孩子在被父母训斥之前,应该会主动地把东西放过去的。

兴趣班的包——准备取出放回方便的地方

这些东西可以放在玄关,但如果你把所有要带的东西都放在玄关,玄关就会被塞满。孩子并不是每天都去兴趣班,因此我们应该把收纳位置定在一个不会碍事的地方。

如果你想把它们放在孩子的房间里,在放书包的地方附近挂一个挂钩或者做一个"放包的架子",让这个区域成为"包类物品"专区。不用说,"易于取出,易于放回"是很重要的。

我觉得把这些放在孩子房间里固然好,但是根据物品的不同,以"使用的场所"确定物品收纳的位置比较好。例如练习钢琴的包,比起放在

整理的技术

孩子房间，放在钢琴旁边比较方便。孩子在家练钢琴的时候从房间里拿包过去，肯定就会一直留在那里，所以还是应该在钢琴旁边留一个放包的地方。

如果是游泳包的话，可以把放包的位置固定在洗脸台。反正孩子拿脏衣服去洗的时候肯定要经过洗脸台。

像图中这样，在确定"位置"的时候，我们可以稍微模拟一下孩子在做什么动作，或者做什么事情的时候是怎么行动的，就能够找到"容易取出，容易放回的位置"了。

带回来的作品——管理要扔掉的量

对于这些物品，尤其是当孩子还小的时候，父母经常感动地认为"孩子长大了，都能做出这样的东西来了"，比孩子更想留下那些做出来的东西。你想着是孩子好不容易做的，把它装饰在家里很有意义，可孩子还会一个接一个地拿回来，所以你的厨房和客厅里到处都会是孩子的手工作品。

解决方法通常是"将孩子的作品拍照，贴进相册里，把主体扔掉"。但是，孩子一拿回来就拍照，然后直接扔掉，这个过程太无趣了。和孩子表达对作品的赞赏，父母说"你做得很好""真的很漂亮"，就是对做出作品的孩子的爱意。因为孩子们也没有想把所有做出来的东西都永久保存，只是想让妈妈看到，承认自己的能力。

在一件接一件地带回家的作品中，让孩子感到满意的作品，或者孩子画的父母画像，还是尽可能地装饰在家里。这个时候，父母先定下装饰的

"固定位置",厨房的墙壁、客厅的电视机旁边等地方都可以。

大的画用彩色打印缩小之后放入画框也是一种方法。

然后,在摆放新的作品时,如果固定的地方已经摆满了,父母就要做出取舍。对于长时间装饰在那里的作品,可以跟孩子说"这个我取下来了",如果孩子说"可以",这样我们接下来就决定我们是想把它扔掉,还是把它作为纪念保存起来,或是拍成照片留下来。基本的原则是"除了很好的作品,其他的都扔掉"。只要每天看到孩子的作品就找个话题跟他说说,孩子想要得到重视的感情就会得到满足,对于作品就不会说出"不要扔"的话了。

无论如何想要留作回忆的作品,就放在专用的"回忆箱"里。不要让它们一直在你的房间里摆着。回忆箱放在孩子房间的柜子顶层、床下等不容易取出的地方即可。

杂志赠品、折纸、珠子等的"制作"物——扔掉一定的量

杂志的赠品里经常会有用折纸做的"立体卡片"或者"漂亮的包",就算不是纸做的,也可能是软塑料或硬塑料的材质。在幼儿时期,孩子喜欢折纸和剪纸。不是保育园或幼儿园做的"作品",而是折了一半的飞机或者是被撕成碎片的纸;如果是女孩,还喜欢玩珠子或毛线之类的东西;还有用树叶做成的莫名其妙的东西,这些不能称之为"作品"的东西会散落一地。孩子喜欢做的东西,父母就想让他们不断地尝试。如果对孩子说"整理起来会很麻烦,不要做了"或"不要在家里做",就等于否定了孩子

的创造力。让孩子想做多少就做多少，父母也能感受到乐趣，虽然作为父母不用勉强自己对那些事感兴趣。

最后，父母要为这些作品提供一个收纳的地方。不要考虑取舍问题，选择能把孩子每天做出来的东西放进去的容器就可以。根据制作的东西的大小，可以准备相应的盒子或罐子，最好能容纳两周到一个月的量。比如，我会用一个很大的装仙贝的罐子装孩子的折纸作品，并把这个罐子放在孩子的玩具区域。一旦盒子或罐子装满了，就把里面的东西全部倒出来，父母和孩子一起选，"把要留下的东西放回盒子里，把可以扔掉的东西放进垃圾桶里"。你会发现大多数东西都会被扔进垃圾桶。

对于孩子来说，"创作"是一种乐趣，随着时间的推移，他们在创作当时的感情渐渐变淡，对过去的作品就不那么执着了。因为孩子每天都在成长，所以这也是很自然的事。

同学录、奖状等——制定整理的原则

因为每个人的想法都不一样，所以制定"保留的原则"或"扔掉的原则"都可以。如果孩子有什么热衷的体育项目的话，房间可能会用孩子得到的奖杯来装饰，不过即使如此也应适当、有取舍地摆放出来。

如果要留作纪念，我会把它放在"回忆箱"里。不是由父母去做，而是让孩子们自己收进回忆箱。就算要把孩子的作品扔掉，收到之后马上扔也是对孩子很不尊重的表现，因为这些都是孩子们努力的成果。

比如把孩子的成果先保管一整年，大扫除的时候再扔掉，可暂时先放在神龛里，有这样的一个缓冲对孩子来说更好。我们家从秋天到春天这段

时间，有机会就会点篝火，到时我们就会烧掉即使很重要但仍需要扔掉的物品。❶

校服或外套——规定摆放位置

就像孩子每天都要把书包背上再摘下来一样，校服也是每天都要穿上再脱下。在孩子房间的墙壁等处，我们会留出专门放挂衣架的地方。

衣服穿一整天会吸汗，还会沾上灰尘。放在衣柜里可能会弄脏其他干净的衣服。孩子在房间里脱下衣服后，需要立即将衣服挂在衣架上，让衣服通通风，因此要找一个容易挂衣服的衣架。这个衣架是校服专用，不要挂其他东西。

我偶尔也会看到客厅里挂着校服的家庭，但并没有什么特殊理由，只是不知怎么就变成这样了。我们的原则是"孩子的校服挂在孩子房间"。

当然，和孩子的校服要放在自己房间一样，也有"爸爸的西装要放在卧室"的原则，让家里人的衣服不要散落在客厅。如果总是习惯把外套或者帽子随手放在客厅，建议大家把玄关或者走廊当作放置衣帽的地方。

日本许多房屋的玄关没有隔断，因为人们都着眼于扩大房屋的居住空间，所以一直以来在设计玄关、卫生间等空间的时候都尽量不设置隔断。

---

❶ 因为日本人很注重个人隐私问题，很担心自己的工作资料或照片被泄露，这些物品都需要用碎纸机或焚烧的方法来处理。

但是，我认为适合居住的房子是能让居住的人将房中物品熟练使用的房子，比起居住的空间，人们在生活上的必要场所——玄关、浴室、卫生间、洗脸台、厨房等——充分考虑空间设置的房子，才是适合居住的房子。

如果你现在住的房子的玄关有空间的话，请务必考虑摆一个放外套、帽子和包的衣橱。如果在墙上挂挂钩，怎么看都显得很乱。只要门口有一个通风良好的衣橱，生活就会变得井然有序。

衣服——分类定量管理

即使是成年人也很难管理自己的衣服。如果把衣服交给孩子管理，孩子会把衣柜弄得乱七八糟，把要穿的、不穿的衣服一股脑地混在一起。

但是，正因为大人很难做到，所以有必要让孩子从小就学会整理的技巧。

孩子从3岁左右开始会从衣柜里选择自己想穿的衣服。即使孩子还不会选择，也能够区分他们喜欢的衣服和讨厌的衣服。而且，在这个时期，孩子也要开始学习自己脱穿衣服了。

所以，在3～6岁的时间里，要让孩子们开始理解不同类别衣服的固定位置，比如"衬衫在这个衣柜里""裤子在这里"，等等。父母叠衣服的时候，让孩子"自己把袜子和内裤放进去"也很重要。就算孩子还不能够把衣服叠好收起来，也可以把叠好的衣服放在指定的位置。

我们希望孩子在6～10岁的时间里，能够自己管理衣服。父母时不时打开衣柜问问孩子"没有不穿的衬衫了吗"，要是孩子穿的衣服变小了，就跟孩子确认"那件连衣裙已经很小了",把"扔掉"的时机告诉孩子。

关于衣服的收纳方法虽然有很多技巧,我认为遵守了"定位"和"定量"原则,只要简单地将衣服叠起来就好了。为了让孩子能够简单地把衣服叠起来收好,父母需要做的就是保持抽屉、篮子和衣柜里衣服的量为七成左右。

如果是七成左右的量的话,衣服不会因为互相挤压而起皱,也不会出现不在抽屉里翻一圈就找不到想穿的衣服的状况。希望孩子们从小就能养成换季收纳的习惯。

现在,哪里都有空调调节温度,穿衣时尚也随之变得自由起来。有些女性在冬天也穿无袖衫,还有夏天也穿着长袖衬衫、将袖口挽起的人,就好像时尚没有季节一样。

尽管如此,只能夏天穿的薄衣服、只能冬天穿的羊毛衫等,根据季节的不同,衣服也有不少。比起衣柜里混杂着一年四季的衣服,至少在夏天把冬天的衣服收起来,在冬天把夏天的衣服收起来。只要这样做,抽屉和衣柜就宽敞多了。衣柜里面空荡荡的,衣服就很容易拿出来和放回去。

在孩子小时候,让孩子和父母一起感受"衣服是要随季节更换的"。将孩子喜欢的毛衣认真叠好,再和防虫剂放在一起;把最喜欢的连衣裙取出来,喜不自禁地想"又到了穿这件衣服的季节,那么明天赶快穿上吧"。经历过这样的心情,就可以打下孩子整理衣服的重要基础。

睡衣——规定摆放的地方

我之所以只挑睡衣来说,是因为我已经被问过好几次,而且我自己也对睡衣的整理很烦恼。因为脱掉睡衣的场所是卧室、客厅、洗脸台以及其他孩子的所到之处,很多孩子就在这些地方把睡衣乱七八糟地一丢。

如果孩子的房间里有床,起床换衣服的时候多半就直接把睡衣扔在床上。如果看不下去,让孩子至少把睡衣对折叠起来放在枕头上,教孩子这样做,他们应该就能做到。

如果是把被子放在壁橱里的家庭,应该把睡衣也一起放进壁橱里。那就至少教孩子不要把睡衣里外反着就收进去。

如果还没有儿童房,孩子起床后穿着睡衣来到客厅换衣服的话,把睡衣放回床上或者壁橱就很麻烦。

让我们想想孩子脱穿睡衣的地方在哪里。如果在客厅脱穿睡衣,就在客厅的孩子的区域里设置一个放睡衣的地方。和孩子兴趣班的包一样,要点是,如果有能把东西当场收进去的"那个地方",就不要让孩子把它们扔着不管。

邮寄物——管理扔掉的量

在童年时代,邮寄给孩子们的物品几乎没有什么像账单或者通知书这样需要保存的东西。大抵是爷爷奶奶、姥姥姥爷或朋友的来信、生日贺卡或贺年卡之类的。

正因为如此,我们可以说,我们是清楚地知道送信来的人的样子的。如果是成年人,我建议大家"读了之后,除了无论如何都要保管的东西和应该保管的东西之外,剩下的可以立即扔掉",但是如果是小孩子,我认为有一个给他们暂时保存邮寄物的地方比较好,出于让孩子重视给他们写信的人的感情这一层意义。

暂时保存在文件袋里或桌子的抽屉里都可以。最重要的是，要定期把里面的东西全部拿出来重温一遍，将信件一直放起来并不一定意味着尊重对方的感受。如果箱子装满了，比如新年时候收到了大量贺年卡，就告诉孩子重温信件的时机。虽然我们暂时保存了信件，但可以处理掉已经不读的信或是去年的贺年卡，把一直想放在手边好好珍藏的信移动到"回忆箱"里。如此，清空"暂时保管箱"非常重要。

地板上——不要放置东西

孩子的房间哪里最乱？就是"地板上"。

本来，某些东西的"上面"就是容易变成放物品的地方，但地板上的物品乱七八糟，是孩子房间特有的现象。

这也许是因为孩子的生活空间比成年人的要低。比起坐在椅子上，孩子更喜欢坐在地上。水平的视线所及比上下视线所及离自己更近。大概是因为这种原因吧，孩子会把玩具铺在地板上，随意躺在地上看书，趴在地板上折纸。从孩子房间的地板到客厅的地板，乱置物不断扩大着地盘。

正如我在"制定整理的原则"一部分中所提到的那样，父母和孩子之间应该达成一个共识，即"不要把东西放在地板上"，这样的规则绝对要遵守。父母不要让地板在不知不觉中就成了孩子放东西的"固定位置"。

如果孩子知道这个规则，即使地板稍微有点乱，父母也只需要跟孩子说"收拾一下"，让孩子亲手将东西放回原位即可。

桌子上——不要作为放置物品的地方

脏乱程度仅次于地板的地方，是桌子。一个熟人的孩子说，因为知道"地板上的东西随时都可能被扔掉"，在妈妈开始生气的时候就慌慌张张地把东西转移到"桌子上"避难。我家也发生过类似的事情，但是这样的话，就相当于来回兜圈子。

不管是孩子的东西还是自己的东西，让我们回想一下整理桌子的经历。只要放回原处就可以的东西却和垃圾混在一起，整理便处于一种无从下手的状态。

桌子变得乱七八糟，不是整理技巧的问题，而是整理时机的问题。如果想着"以后"或者"下次"的时候，把东西拿出来就不会放回去。因为我们心里的某个地方觉得"桌子上是可以放东西的地方"。

只有非常规矩的孩子，才能把握好自己整理的时机，或者每次都把拿出来的东西放回去。在孩子还小的时候，父母要让他们养成"晚上把桌子清理干净""周末整理一下桌子"这样的习惯。父母告诉孩子时机，让孩子把东西整理好，这样他们就可以习惯"桌子上不放东西才正常"的状态。

在写这一段之前，我提到过"印刷物放在桌上的收纳筐里"之类的话，在这里稍微解释一下。

桌子上什么都不放，这是最容易维持的原则。除了必须放在桌子上的东西，比如电脑和照明设备（无法收纳到别处的物品），其他东西可以放在抽屉里或架子上，这些可以放在别处的物品请不要放在桌子上。

不知道为什么，人们总是习惯在有东西的地方不断地放更多东西。如果正好路边的灌木丛里到处都是垃圾，我们就会随意把口香糖的包装纸也扔在那儿，但如果灌木丛很干净，什么杂物都没有，我们就很难往里面扔东西。

在餐桌上也是，桌上放上调味料盒等物品的话，不知不觉旁边就摆上了药品、便条、报纸等。

在孩子的桌子上，试着只把照明设备和笔筒留下。如果可能的话，参考书和教科书也不应该放在桌子上，而是放在专用的架子上，比如手边的书架。当然，参考书或字典必须要保证放在取出和放回都方便的位置。

整体陈列——有张有弛地装饰

应该有不少孩子把扭蛋里的手办、零食附带的玩具、玩具车、塑料模型等东西装饰在房间里。也有的孩子用漂亮的石头、采集到的蝉蜕来装饰，这是比较古典的方式。

孩子从四五岁开始，会展示自己喜欢的东西。他们只是将物品摆在一起，中间没有留下清理的空间，就会在缝隙中积灰，对此，父母会陷入一种觉得他们自己打扫起来很麻烦，但又不好插手的状态。

我并不认为房间如果要整洁利落，就必须收拾得整整齐齐。如果生活在那里的人感觉舒适放松并保持卫生，那么无论是东西多还是少，摆放杂乱还是有序，就都无所谓。

尤其是孩子的房间，与其过于简单，还不如适当地乱一点，对孩子来说似乎更适合。而且，被自己喜欢的东西包围着，在房间里放眼看去就能沉浸在满足感里，是一件快乐的事情。我认为这样的小事能培养出孩子"我就是这样的人"的自我意识。

所以，当孩子们开始陈列他们喜欢的东西时，让我们巧妙地引导他们。

会整理的孩子走到哪里都超棒

首先,让孩子知道,不要随便抓到什么东西就往另一个东西的"上面"摆放。室内装饰也是如此,重点是设置好放东西的地方和不放东西的地方,这样才能布置出有张有弛的空间。选择架子的一层、北侧的飘窗、音箱的上面等处,将其中之一,最多其中之二作为"陈列的场所"。

如果陈列的物品数量增加过多,或者混合了各种各样的东西,就准备好专用的盒子或架子,让孩子对陈列品进行取舍。我们可以选择不用作装饰也可以的物品,把它们放进盒子,或者我们可以让孩子交替地陈列物品,比如,"以前我们把迪士尼的人偶摆在这里装饰,现在我们把布娃娃拿出来装饰",然后做一个收纳人偶的"迪士尼收纳箱"。

这些盒子放在"玩具专区",然后让人清楚里面都放的是什么(可以用马克笔写好)。

如何处理孩子房间里的物品

1. 按物品不同设置分区,简单分类,便于整理。
2. 决定物品的定位和定量。
3. 准备易于收纳、易于整理的收纳工具。

整理的技术

如果有这样的收纳架

将经常使用的物品规定好位置的话,
孩子们可以很好地收纳、摆放

架子下面放箱子或
篮子,当作放杂七
杂八物品的抽屉

杂物抽屉可以按照使用、不使用大概分类

经常使用的杂物　　不用的杂物　　其他杂物

也可按照标签分类

手办　　积木　　玩具车

专栏

整理的时机——"现在马上"还是"做完××之后"

我之前写过,父母要"让孩子知道整理的时机"。那么,这个时候大家感到困惑的是,整理是"现在马上"还是"做完××之后"呢?

听到父母说"整理一下",就立刻开始整理的听话的孩子很少见。孩子会用"我一会儿再收拾""等这个电视节目结束再收拾行吗""睡觉前再收拾"等借口逃避,想方设法拖延。

重要的是父母要把孩子培养成"说了立刻就做的孩子"。

说起这个话题,一位艺人曾经写道,他曾将一名弟子逐出了师门。到底怎么回事呢?那个弟子休息的时候,师父有事叫他。弟子将正抽着的烟,又抽了一口才扔进烟灰缸,然后站起身来去师父那里。

再抽一口烟仅仅数秒,但在师父眼里这反映的是他精神上的不成熟,这样的家伙在艺术上也无法精进。没有端正的态度,那就离开吧——就是这样的理由。

要让孩子被叫到了就立刻答复。一有吩咐,就立刻站起来。就算父母和孩子之间没有上下级关系,这也是一种礼仪,表现出一个人对所有事情的态度。

从这个意义上说,强迫孩子学会"马上就做"比较好,如果孩子只是单纯地逃避或反抗父母而说了"在做完××之后再做"的话,就应该训斥他们。但是,如果每次都强迫孩子"马上去做"的话,孩子也很辛苦。根据情况不同,父母也可以给"立刻"一个上下浮动的时间。

如果孩子正在吃零食,父母发现孩子有玩具没有收起来,就跟他们说"吃完零食后马上收拾"。如果妈妈刚跟孩子说了"去刷牙",爸爸想说"把房间收拾一下",就跟孩子说"那就刷完牙收拾"。

从现在开始,在孩子集中精力看书、看电视、观察昆虫的时候,尽量控制去说"现在马上,把××做好",这可能并不适合所有人,不是大家通用的思考方式,但作为我自己,是要这样做的。

孩子也有孩子的时间,按照他们自己的时间安排生活着。如果此时此刻,孩子正在专注于当下的事情,父母突然发现了一些乱七八糟的东西,不应该因让孩子"现在立刻收拾"而影响孩子的注意力。

不要小看了童年时期孩子的注意力,现在,我回想起自己的童年,当我沉浸在故事的世界里时，如果母亲叫我，我就觉得脑袋发晕，身体好像不听使唤似的，还记得那种感觉有些痛苦。

当一个孩子沉浸在自己的世界里享受自己的时间时，比起"现在马上"让孩子去做别的事，能让他们把自己的事情优先做完也是可以的。让孩子不要半途而废，专心致志地做自己的事就行。当你的孩子处于那种状态时，做父母的一看就能知道。

专栏

和朋友一起整理——在有小朋友来家里玩的时候

孩子的朋友来玩的时候,不知道什么时候让他们收拾,因此为难的母亲一定不在少数。特别是对于3～6岁的孩子,我认为这是最困难的时期。

父母想的是既然来一起玩了,就让孩子的朋友和孩子一起收拾。来玩的孩子的父母,也会担心自己家孩子有没有好好把别人家整理好。

但是,"回去之前大家一起收拾"这个原则,不怎么行得通。

孩子玩得太累,到了傍晚睡着了,母亲来接他回家的时候把他叫醒,在此时如果让他收拾东西那就太可怜了。孩子朋友说"我去吃午饭""我去拿一下××"等,就回到附近的家里,等到了傍晚再去找他来收拾,也会很不好意思。就算对留下来的自家孩子说"收拾一下",他也会不满地说"是×× 拿出来的",为什么只由自己来收拾,有这种心情是理所当然的,父母如果说"没办法,收拾吧",

下次孩子去别人家玩的时候就会想"今天是在××家玩，所以我不用收拾也可以"。当然，如果你孩子的朋友们认为"去他家玩，不用收拾也行"，也很让人困扰。

根据时间和场合不同，父母应时不时地往房间里看看，如果屋子里已经乱七八糟，就试着向孩子们指示"把游戏稍微停一下，大家先整理一下房间"。或者，当大家说"咱们去外面玩"准备冲出去的时候，或听到有人说"咱们来玩过家家吧"之类的提议的时候，因为之前的游戏告一段落了，就可以跟孩子们说"去玩新的游戏之前，先把这里收拾一下"。

就算被小朋友认为"××的妈妈好烦"也没关系。只有这样，才算是不区别对待自己的孩子和别人的孩子，而是都认真细致地考虑到了。

如果大家都在收拾，只有一个孩子不动手，还在玩耍，"××，好好收拾东西"，这样说他一下也可以。不用说什么"要和大家平等分担""应该去帮忙"之类的大道理，告诉他是因为"现在是整理的时间，这时候玩是不好的"这样的理由就可以了。

话虽如此，但实际还是会发生很多状况。也不必每次都必须跟大家说"大家一起整理好"，偶尔跟落单的自家孩子说，"大家难得来玩，你收拾一下吧"，用这样的委婉的话来让孩子收拾也不错。

第3章 生活中的整理

与家人共同生活是什么

在第1章和第2章中,我们只讨论了孩子的房间和孩子的物品。在这一章里,就像我们在序言中提到的,我们希望所有的孩子都能成为"能够与人共同生活的孩子",抱着这样的想法,我们来思考一下在家庭与家族之中的"整理"。

在家庭中,不能只把自己的东西好好地整理了。不仅仅是整理,只把自己的事做好也是不够的。

在现实中,也许有很多家庭把家务事都交给母亲负责,父亲和孩子只能勉勉强强地把自己的东西整理好(母亲跟他们说了他们才开始收拾)。然而,我认为这是一个有"男主外,女主内"观念的家庭,也就是说,是一个有着"男人一个人赚钱养家,女人一个人照顾孩子"这样过时观念的家庭。

夫妇,应该基于"想一起生活"的愿望选择在一起生活。然后,这对夫妇生了孩子,孩子和父母一起生活,作为一个人第一次体会到"与人一起生活"的喜悦。只是生活在同一个屋檐下,只是在户籍上有"家庭成员"的关系,每个人都单独做自己的事而处在想怎么做就怎么做的状态的话,就无法得到"共同生活"的喜悦。

每天,有和我们一起吃饭、一起聊天的人,有在家等着我们回来的人。夜晚放松下来的时候,身边有关心自己的亲近的人。当然,重要的是我们自己也要守候、关心对方。

像这样,正是因为人与人之间有了关系,"有这个人在身边,我很幸福""和这个人一起生活,我就能保持自我活下去",我认为这种快乐是与生俱来的。

然而,这种人与人的关系,不仅仅是"和对方谈谈今天发生的事""向对方传达爱意""和对方一起旅行"这种实际行动。在每天没什么特别的日常生活中,不是只考虑自己的事,而是关心、陪伴他人,为他们分担事情,平凡地做这些事,这就是和人一起生活。

生活是一条流水线

让我们以吃饭为例。

要吃饭，就要先去买食材。这个时候，我就会想"今天吃什么好"。不只是考虑自己的喜好，还要考虑丈夫的身体状况，比如"最近他好像很累，所以做点容易消化的餐食吧"，或者考虑孩子在学校的午餐，"今天在学校吃的就是咖喱，晚上不能再吃咖喱了"，如此种种，要考虑家人的情况。当然，孩子爸爸做饭的时候，也会为妻子考虑"她好像很喜欢西红柿的味道"。如果你和孩子一起，或者和家人一起去买菜，大家就会一边谈论上面那些话题，一边决定"今天要买什么"。接下来，我们开始做饭。如果妈妈在做饭，孩子可以在这个时候准备餐具，爸爸可以去烧洗澡水，家人做各自力所能及的事情。

大家一边吃饭，一边聊聊当天发生的事情，或者夸一下饭菜"好吃"，吃完饭了，就开始整理。如果有"爸爸洗碗"的规定，孩子就会把盘子放到水槽里，妈妈在这个时候把晾好的衣服收起来或者做一些其他的事。

长此以往，我们就会认为，这是十分理所应当的生活秩序。

总而言之，我想说的是，生活不是"吃饭""洗澡"之类的零散活动，而是一条"流水线"。比起一家人一起去做一件事，更重要的是大家要像流水线作业一样共同分担完成。

生活中有各种各样的流水线，家里每个人都做自己能做的部分，不能做到的部分就找人帮忙，这样才能感受到共同生活在一起的乐趣！

做得到的事，做不到的事

做得到的事自己做，做不到的事找人帮忙。

这就是家庭的一种存在方式，也是人与人为了生存而创造生活共同体所需的基本方式。而且，不论是家庭、学校、职场，还是国家，基本的存在方式都是这样。

人，不可能做什么事情都仅凭自己的力量。虽然我们总是有种只要我们努力去做，什么都能做到的错觉，但是因为每个人的能力不一样，也会有做不到的情况，或者受当时条件的限制无法做到。

用日常生活中十分细枝末节的事来举例：在你去某地旅行的时候无法收到送到家里的快递；如果个子矮，不借助椅子之类的工具取高处的东西就取不到；如果你是个孩子，就拿不了 20 公斤重的行李；如果前一天失眠，第二天就不能工作。

再举几个基于个人能力的例子：无论如何都做不出美味饭菜；怎么都不会做木工反而会把东西弄坏，笨手笨脚；想要投资却永远搞不懂金融市场是如何运作的，这样的大有人在。

正是因为有些事就算我们很用心、很努力了，却还是

 会整理的孩子走到哪里都超棒

做不到，人们才需要建立共同体，大家互相帮助，建立一个任何人都可以利用的运作系统。

我认为，对于任何人来说，清醒地认识到自己能做到什么和做不到什么，是十分重要的事情。

如果这样去思考，那么在家庭当中，我们就能明白，仅仅把孩子当作要守护、要养大成人的对象是不够的。即使孩子还小，孩子能做的事情就让他们自己做，孩子做不到的事情父母就来帮忙。相反，如果有父母做不到的事情，就让孩子去做。在共同生活中，不要强迫彼此，自然而然地维持着这样的关系是一件美好的事。

作为父母，不管孩子今后将在什么样的共同体中生活、建立什么样的人际关系，都可以放心地把他们送到社会上。为了做到这一点，首先，我们应该在家庭生活中的小流水线里，让孩子们认真完成自己能完成的部分，特别是在家务活中，也有可以让孩子参与"整理"的部分。也许，在许多家庭中，我们甚至需要让"丈夫"也认真完成他能做的部分。如果这样，请务必借让孩子完成的机会让丈夫也参与进去。

成为为别人着想、不给别人添麻烦的孩子

围绕在孩子身边的社会状况，并不十分乐观。在这个大家都任性地生活、拼命地守护自己的社会里，孩子似乎要比从前压力更大。即使如此，不管是谁，只要是孩子的父母，都想要为社会培养出会为他人着想、不给别人添麻烦的孩子，想要让自己的孩子保持自我，同时又能成为擅长与人共同生活的人。我认为，不管社会是什么样，只有家庭才是培养出这样的孩子的场所。

当我们谈到"为他人着想"的时候，我们会想到，在电车上给老人让座、保护被人欺负的小孩这些公共场合发生的事情，但我们是不可能一下子就能在公共场合这样做的。

在家里，如果发现父亲在找报纸就从客厅里给他拿来；如果浴室乱七八糟，想到之后来洗澡的妈妈一定会讨厌的，于是把浴室打扫了，诸如此类，让孩子在家里下意识地一点点变得会为他人着想，最终就能成为可以在公共场合为他人着想而行动的人。

"不给别人添麻烦"也是一样的。在家庭中,如果对家人这样亲近的人,都做不到不给他们带来麻烦,那么在公共场合肯定也做不到。

不过,为了"为别人着想"和"不给别人添麻烦","从不利己,专门利人"这样的爱他主义的态度也是不需要的,我们需要的是认为自身的幸福最为重要的真挚态度。如果这个态度是真挚的,我们应该自然而然地意识到"比起自私自利的行为,与周围人建立好的关系更让自己舒服",或是"身边亲密的人变得幸福了,自己也会更深地体会到幸福"。

在家庭中,为了成为父母眼中的"好孩子"而努力是简单的事。但是,让孩子自己发现,"整理"能让自己发自内心地舒服、快乐,比如让孩子感到"如果我收拾了客厅,大家会觉得很舒适""如果我洗了碗妈妈会很高兴,所以我也会高兴"之类,这才是更重要的。

10岁的孩子，要在家庭中担任一定的角色

我们稍微换个话题。一个有趣的事情是，有一个调查结果显示"日本的孩子，从10岁左右开始就不给家里帮忙了"。孩子小的时候，父母出于管教孩子的意识让他们帮忙，但是孩子长大了就因为"学习"这个借口不帮家里做事了。

在这本书里，我们说"让孩子在10岁自立"。自立，意味着"可以自己一个人生活"，也意味着"作为一个独立的人，能与他人构建成熟的关系"。

放在家庭中，就是让孩子"成为能管理自己的人"，同时也可以"与家人建立良好的关系并在家务中担任一定的角色"。

以"学习"为借口放弃让孩子分担家务，如果我们认同了这一点，那么我们就否定了孩子的人格。因为如果我们重视孩子的话，应该把他们当作成年人看待。

我认为，在孩子10岁之前，自然而然地决定"你的角色是这个"就好了——清理浴室、浇花、将大家的餐具拿到水槽等，做好这些小事就可以。

我们再把话题拉远一些。有报告说，如果孩子小时候在成长过程中见到父亲做家务，长大后也能很好地构建夫妻关系。父亲在家里什么都不做，总是一种高高在上的样子，孩子要么会有一种男尊女卑的意识，要么反过来有否定男性的倾向。让孩子做他们能做的事情的同时，父亲和母亲也自发地去做自己能做的事，也许是最理想的状态。

生活中的整理

在生活的流程中,"整理"是收尾工作,是为了保持舒适的生活状态,也是为了下次使用所做的准备。请记住,这不仅仅是"把自己用过的东西放回去",而是大家共同生活的流程中的一部分。

作为整理的收纳方法,这里只提到了必要范围内的最低限度。"应有的物品、应放的场所、应有的量(即'扔掉''定位''定量')""取出方便、放回方便",这些是我对收纳的基本看法,剩下的就按照大家自己的生活方式和符合自己家空间布局的方式安排就好。

餐桌的整理——"我吃饱了"不是结束

吃饭不应该以"我吃饱了"作为结束。外出就餐的话这样固然可以,但家庭用餐则是为了"大家做饭—大家一起吃饭—吃完要整理"这样的一条流水线。

当孩子还小的时候,说完"我吃饱了",就立刻离开餐桌是可以的,但是3岁之后,就应该让孩子一点一点地去做"吃饭"之外的事情。

给孩子饭后"整理"的任务

吃完饭后,一开始可以告诉他们"吃完饭了,把自己的碗筷放到水槽里",这个是幼儿园、学校"饭后整理"的基本任务。

然后,找机会跟孩子说,"妈妈洗碗,你把大家的餐具拿到水槽里去""爸爸洗碗,妈妈擦干,你把餐具放到橱柜里"等,创造一个机会,让大家一起分担"大家的餐具"的整理工作。

"自己用过的东西自己整理"只是基本想法,如果停留在这,只能建立起初级的人际关系。"如果由我来整理,效率会更高""分担工作,能够轻松完成""我虽然不擅长清洗,但擅长收纳"等,能有各种各样的想法,才能和别人相处得更好。

教孩子"做饭"和"整理"同时进行

我认为做饭是教给孩子"整理"工作的好机会。如果是对做饭稍微有些心得的人,做完饭将料理盛到盘子里的时候,厨房应该是回到了和做饭前一样的状态,因为他们一边做饭一边持续整理厨房。

比如,做炒饭的时候,需要切葱和火腿,切好之后马上把菜刀洗干净立好;把切好的东西倒进碗里的时候,立刻把菜板冲洗干净立起来;如果把平底锅加热放入油,在等待油变热这个时间里正好把油瓶放回架子上;葱、火腿和米饭放进锅里炒的时候,可以腾出一点时间,将之前放食材的碗洗干净;把菜加好调料、盛入盘子之后,在平底锅的油垢变干

会整理的孩子走到哪里都超棒

前泡进水里,手快的人可以当场洗好;在做饭过程中,如果油飞溅或调味料洒了,每次都立刻拿抹布擦掉;洗好的料理用具也是,找机会放回沥水架上。

"整理"的本质,就是这样每一次都尽量保持(整理好之后的)现状,为了维持这样的状态不断地动手"恢复原状"。

孩子们喜欢打鸡蛋、搅拌东西、把芝麻磨成粉这样的"制作"任务。因为孩子不断要求"想做",所以妈妈没办法就让他们来做,但是通常会弄得乱七八糟。那么,难得孩子想做,就将料理的乐趣和整理的本质一起教给他们吧。

与"制作"相比,"整理"是很难自觉说出口的事情。如果孩子说"我想搅拌鸡蛋",就拜托他们"把蛋壳扔进垃圾桶""把用来搅拌的碗洗了"。如果孩子说"我想把牛奶倒进锅里",就告诉他们"倒完把牛奶盒放回冰箱"。

将做饭和整理组合在一起让孩子做,跟他简单说一句,教他"要这样一边整理一边做饭",之后孩子会自然地学会这种方法。

客厅的整理——不是『大家的地方就是我的地方』

正如我在第 1 章中多次提到的那样，客厅对于家庭来说是一个公共场所。正是因为这是每个人都可以使用的地方，所以每个人都应该注意，要维护这个地方让其他人也能舒适地使用。

如果是公园、会议室或图书馆的话，每个人都知道"带来的私人物品要拿回家""不要乱扔垃圾""把公用物品拿出来了要放回去"等规则，而且都能很好地做到。

我们也告诉孩子"玩过的玩具，要放回去"。但是即使如此，在家庭的公共场合，为什么孩子就做不到呢？

认真实施家庭规则

很简单却做不到的事情,大概是因为孩子们没有意识到"使用客厅的时候是有规则"的。

经常会有母亲感叹,"到了晚上,要把孩子散落在客厅里的玩具拿到孩子房间,把丈夫扔在那里的杂志和文件拿到桌上,大家的东西都是我整理。每天晚上都在做这些无用功"。这样的情况,难道什么都不做的孩子和丈夫是罪魁祸首,母亲是受害者吗?

也许母亲和孩子、丈夫做的努力都有些不够。为了让全家人都能意识到"不要把私人物品放在客厅里""东西拿出来要放回去"等规则,我们稍微在这方面努力一点会更好。多数情况下,家务事由母亲一个人做更加利索,但是这样就无法让孩子(或丈夫)去做他们应该做的事情。我认为,父母需要在刻意让孩子们做事上下功夫。

为了让包括丈夫在内的家庭成员共享家庭规则,要将规则"说出口"。如果母亲在心里随意制定规则,只是对家人生气地说"你们自己收拾""为什么家里总有啤酒瓶"之类的话,到底有什么规则,是无法传达给对方的。

"你可以在客厅里玩,但晚上要把所有用过的玩具和书,收回你的房间""不要把东西放在客厅桌子上不管""在客厅里可以脱衣服,但是要挂在衣架放进衣柜里"等,我们最好说出希望对方具体遵循怎样的规则。

如果孩子或者丈夫反驳"为什么我晚上要把玩具放回去""拿去2楼的衣柜太麻烦了",那么就问他们"你觉得应该怎么办"。我认为,重要的不是把一个人的规则强加于所有人,而是找到一个大家都能接受的并且容易做到的规则。

什么是"没有被要求也要去做"

在客厅这样的公共场所里,我们要教会孩子的一件很重要的事情是"即使没有人要求,也要去做"。

整理的原则是"自己的东西自己整理",还有"与人共同生活时,起到自己的作用",但是仅凭这两点,孩子很可能成为一个不被强制就不做的人,也就是我们常说的"木偶人",推一下才动一下。不用别人催,自己了解当时的情况,意识到"杂志掉地上了",注意到了之后就自发地动起手来,我们希望孩子能成为这样的人。

怎样才能让孩子自发地行动起来呢?这是一件困难的事情,我们没法说方法就是什么。但是,在日常生活的小场景中,母亲说话的点点滴滴,往往会引起孩子的注意。

当孩子把自己喝牛奶的杯子放回厨房时,试着跟他说"你能把妈妈的杯子也拿走吗"。如果孩子直接拿走了,就跟孩子说"谢谢,真是帮了妈妈大忙"。如果孩子不愿意,你可以试着说"你不是要去厨房吗?如果你能一起放回去就太好了"。

如果孩子说"妈妈,椅子上都是衣服我没地方坐",就试着跟孩子提议"不好意思,能帮我叠起来吗"。如果孩子抱怨"为什么要我来",就提议和孩子分担"这不是大家的衣服吗?你帮我叠好,妈妈把衣服放回去"。

"不经意间让孩子帮忙""告诉孩子,注意到了去做就好",这样的话,不久之后,孩子自然而然地就会行动起来,"不用说也会做""没有被要求也会做""注意到了就去做"——如果这样就好了。至少知道这样做是好的,

会整理的孩子走到哪里都超棒

希望让孩子有这样的价值观。

说一句多余的话,这是父母对孩子应有的教育方法。父母顺便把孩子的杯子拿走固然可以,但孩子若无其事地对父母说"顺便帮我拿走",作为父母还是对他教育一下比较好。

让我感到羞愧的是,当我还是个孩子的时候,我对我的母亲说过"有急事的时候,谁都可以使唤"。当时,母亲真的很生气,这种愤怒让我明白,作为一个孩子应该遵守的规矩是什么。

整理的技术

客厅孩子物品的收纳

一个孩子专用抽屉

游戏光碟和绘画道具之类经常在客厅使用的东西不要乱放，找一个可以收纳在一起的空间

安上轮子

在10元店买个存报纸的盒子

还可以拴上绳子

使用空盒子

贴贴纸装饰

在盒子或篮子下面安装轮子，让孩子将东西收纳在"孩子专用推车"里，可以移动到任何地方，整理也简单

浴室的整理——考虑之后要使用的人

浴室，因为是洗澡的地方，稍有疏忽就会变得不干净。要么是头发掉落一地，要么是肥皂黏糊糊地粘在墙上。

如果没有人告诉他们"后面还有其他人使用浴室"，孩子们就很难意识到这一点。因为是自己的头发和自己用过的东西所以不在意，但是之后使用的人会感到不舒服。告诉他们"浴室使用之后要整理，让之后使用的人心情舒畅才行"。

出去之前迅速检查

让孩子从浴缸里出来的时候，检查里面有没有浮着垃圾。用共用的澡巾擦拭身体时，注意澡巾上有没有头发或污垢。离开浴室的时候，让孩子迅速地看一看地板上有没有头发，香皂上有没有残留的泡沫，洗发水的盖子有没有盖好。水桶和椅子用完要放回固定的位置。如果觉得水蒸气太闷，就把窗户或者换气扇打开。

这些事情五六岁的孩子就能做到了。另外，如果孩子可以一个人去洗澡了，之后进去的妈妈如果发现了什么问题，不要嫌麻烦，一个一个给孩子指出来比较好。

如果在细微的地方吹毛求疵，孩子和父母都会觉得很痛苦。因为只要是人，都会有没注意、疏忽的时候，所以对人们的疏忽睁一只眼闭一只眼也是人际关系之中很重要的智慧。

但是，只有在父母教育孩子的时候是特别的。为了在10岁之后跟孩子建立一种不需要再对他们指手画脚的关系，当孩子还小的时候父母就必须忍受许多不愉快的事情。

浴室的打扫与整理是不同的

就像前文写的"整理和打扫是不同的行为"一样，对于浴室整理和打扫的目的也不一样。说到"整理浴室"，大多数人都会有打扫浴室的印象，但在这里我们不谈打扫的技巧。虽然关于浴室里顽固的水垢有许多

 会整理的孩子走到哪里都超棒

种打扫方法……

  如果要让打扫与整理相关联的话，最后从浴室出来的人用淋浴的冷水迅速冲一下墙壁和地板，不要把木桶或椅子放着不管，尽量立在空气流通的地方。如果做了这些，之后的打扫就会变得轻松。

洗脸台的整理——一直"在用"的场所

洗脸台虽然和浴室有些相似,但是和浴室相比洗脸台使用的频率明显更高,而且还放置着各种各样的物品,像梳子、剃须刀、牙膏、化妆品等。

站在洗脸台旁的机会也很多,早上起床洗漱、化妆,回到家洗手、睡前刷牙……我们去洗脸台旁的时间很多,而且还要算上家里每个人使用洗脸台的时间。

迅速擦拭

因为洗脸台是一直要用的地方，所以每次用的时候只需要有意识地花 30 秒的时间"整理"。一直认真整理，就可以一直保持整洁干净。整理洗脸台的基本方法是"擦拭"。"擦拭"说起来就像"打扫"一样，但教给孩子的时候请刻意和打扫区别开，告诉他们"擦拭"是整理的一部分。

洗手后，如果水溅到洗脸池和脚边的话，就当场擦拭掉。可以用纸巾，也可以准备专用的抹布。用完牙刷和牙膏放回去的时候如果把架子弄湿了，也马上擦拭掉，顺便把周围也擦干净。这个时候，让我们把那些乱七八糟的瓶瓶罐罐重新摆好。

刚开始的时候，父母可能不得不对孩子发出"因为地板是湿的，请擦干净"的指示，一旦孩子养成了"湿了就要擦干净"的习惯，剩下的就是在孩子忘记的时候提醒他"架子上湿答答的"就足够了。

用完整理

洗脸台上的东西，是不会从那里移动到别处去的，因为都是需要在洗脸台使用的东西，所以也要给孩子养成"用完就马上整理好"的习惯。

如果孩子用毛巾擦了手，将毛巾乱糟糟地放在那儿就要走的话，告诉孩子"毛巾挂歪了"。如果孩子用梳子梳完头放在那里不管了的话，就跟孩子说"把梳子放回去"，如果梳子上有头发或者洗脸池里有头发，也要跟孩子说"梳子上有头发（洗脸池有头发）"。

虽然这些琐碎的事情真的很麻烦,但是如果你让孩子小时候就养成了能行动起来的习惯,那么他这一辈子都不用和自己的懒散做斗争了。和整理客厅一样,虽然由母亲来做更快,但我认为父母有必要刻意让孩子们"去做",这是父母对孩子的爱和教养。

洗完衣物的整理——为了穿着舒适

孩子们衣柜里的衣服，总是干干净净地叠好，想穿的时候马上就能穿，之所以能这样是因为有人为他们这么做了。即使是这样理所当然的事情，孩子在日常生活中也很难意识到。

将衣服认真收好，穿的时候就很舒适

衣服，与我们的内心息息相关。当我们穿上新衣服时会很开心。一旦确定了符合自己时尚的服装，就会充满活力。穿着昂贵的衣服，会让我们更有自信，这就是时尚的力量。

同样的，穿上刚洗过的衬衫，会让人感觉精神焕发；穿上笔挺的长裤，身姿也不由得挺拔了起来。穿上精心打理过的衣服，和让自己变时尚是一样的，这关系到我们的精气神和自信。

洗衣服不仅仅是简单地清除污垢的工作，熨衣服也不仅仅是熨平褶皱的工作，这都是为了下次穿的时候舒适。这项工作的结尾，应该就是"将它们整理好"。

提前跟孩子指出这一点也可以，为了让他们自己穿衣服更加舒适，试着让孩子亲手将衣服收进抽屉或衣柜里。

将洗好的衣服收起来的时候，和孩子一起叠好。然后，把"爸爸的衣服""妈妈的衣服""孩子的衣服"摆好，大家各自整理自己的东西。也许有的丈夫不会去整理，在这一点上可以有夫妇自己的考虑。

将衣服晾干的乐趣

经常听人说"我不喜欢整理洗好的衣服"，但也有很多人说"不过，洗衣服、晾衣服我还是喜欢的"。这是一种感觉，这种好恶，对大人、孩子来说都是一样的。不要定下"洗衣服是妈妈的工作"的规矩，试着和孩子一起洗衣服吧。

会整理的孩子走到哪里都超棒

整理的技术

和孩子一起做的卷卷收纳

① 毛衣和运动服之类的衣服

② 叠好卷起来也不会起皱

取出和收纳都方便

百褶裙,借助筒状纸芯卷起来

让孩子把自己的运动衣、T恤、袜子、内衣叠好收起来放进最深处

毛巾也可以卷起来收纳

用的时候从最外面开始拿

孩子拿出来的时候其他毛巾也不会变乱

第3章 生活中的整理

在孩子还小的时候,让他帮忙把脏衣服放进洗衣机,帮忙倒洗衣粉,晾衣服的时候给妈妈递衣架,或者跟他说"接下来,把爸爸的衬衫拿过来"等,这些帮忙的事情他们是可以做到的。

当你赞美他说"因为你帮了忙,很快就干完了",然后说"日照十分充足,感觉真好"这些话的时候,孩子可能就会感受到洗衣的乐趣。另外,叠衣服的时候,如果看见是"自己晾的衬衫"的话,孩子也许会很拼命地帮忙。

孩子在小学低年级的时候,可以将洗衣服这件事交给他们。希望妈妈们能起到帮手的作用,或者分担一些工作,让孩子们掌握晾洗衣服的基本知识。当然,不管是女孩还是男孩都一样。我记得我在小学时被安排晾衣服的时候,因为觉得自己长大了一点而感到很高兴。

作为妈妈,不要忘了夸孩子"帮了大忙了,谢谢""晾得很好"之类的话。

玄关的整理——让家的门面一直干净

玄关不是纯粹的"内部",而是与"外部"的边界。它不仅是家庭成员的公共空间,也是与邻里公共场所相连接的空间。

玄关是家的门面

门口的鞋子随便脱了不管,而且全部面向屋子里,这样的行为肯定会给人一种邋遢感。玄关处,散落着家里人带走带回的东西,有种被迫看到了并不想看到的那家人的隐私的感觉,让人觉得反感。

虽然家里有点乱,但是玄关很整洁的房子,会让人觉得自己在接触的这个人很认真,让人觉得此人在日常生活中肯定也会保持整洁。

告诉孩子,"玄关要一直保持干净"。脱掉的鞋子面朝外摆好;昨天穿的鞋,收到鞋盒里;摆在外面的自己的鞋,不要超过两双。这样做是为了下次穿鞋的时候更方便,而且也是为了更好地整理玄关这个家庭的门面。虽然有点麻烦,但是不应由注意到这些问题的妈妈来做,而是应向孩子指出"鞋子没摆好",让孩子亲手摆正。

孩子的鞋在他们3岁左右会开始增多,把鞋柜的一部分给孩子放鞋用。正如我们所知,鞋子一脱下就放回鞋柜,会残留湿气损坏鞋子,可以让孩子"把鞋晾一天,然后收进鞋柜里"。

另外,像我们第1章说过的,因为玄关是公共场所,还是要告诉孩子"不要把自己的东西放着不管"的规则。

在意他人的目光

教给孩子如何整理玄关的时候,要告诉孩子的是,"在意他人的目光"的重要性。

我们可能并不觉得在意别人的目光是好事。只要自律就好,如果因为

 会整理的孩子走到哪里都超棒

别人是不是在看而改变态度就有些奇怪,大家可以这样想。

但是,我们是在与他人的关系中建立自我、发现个性。如果是天上地下唯我独尊,自我反而会变得幼稚,甚至不知道自己的个性是什么。

"在意他人的目光",并不是去迎合别人,而是通过别人的眼睛来看自己,知道自己的行为是美的还是丑的。总而言之,我认为意识到自己的行为举止本身会让其自然而然地变美。

虽然有"我希望我能客观地看起来美就可以"这种抽象的说法,但这样只会让人落入虚有其表的美好。"邻居进来的时候,会怎么想""作为客人来到我家的时候,会有什么感觉",这样尽量具体地转换成他人的目光,才更有纠正自身的效果。

孩子如果在玄关把鞋散乱着脱掉,就跟他说"要是有人来了会很丢脸吧"。这种情况我们经常在地铁里见到的,母亲对吵闹的孩子说"你看,可怕的叔叔在看你呢,安静点"之类,利用别人训斥孩子的方法是不一样的。

跟孩子说"妈妈觉得如果有人来了会很尴尬,所以希望你不要把鞋子脱了随便扔在地上"以很好地表达"妈妈这样想"的意思就可以。"妈妈并不介意,但是有个可怕的叔叔在看你所以你最好安静点"这样的语气,或者"妈妈觉得你应该安静下来,那边有个可怕的叔叔在看着呢"这样的语气,不管表面上如何弥补,孩子还是能看透母亲的内心所想。

整理玄关

之前,我们只说了"不要把玄关弄脏",但不仅如此,也要有"让来家里的人心情舒畅"这种在意"别人目光"的意识。

我认为所谓的"陈设"和"整理"是有相通之处的。不管招待谁都要让对方感到舒服,招待对方吃饭、请对方听乐器演奏是主动的方式,也有让对方待在这个场所就感到舒适的方式,这是被动的方式,陈设和整理就是后者。

我认为被动的方式,就算无法直截了当地传达给对方,也是一种考虑了对方感受的行为。

虽然只不过是玄关的整理,对孩子说"3点有客人要来,你去看看玄关乱不乱""鞋柜上乱七八糟的,你去整理一下,在上面摆点花"等来指导孩子,就可以给孩子提供一种考虑他人感受的视角。

卫生间的整理——只要有一点污垢也令人不快的场所

卫生间本来就是容易被弄得不干净的地方，所以我们必须要想办法保持它的清洁，这是一个要经常关注的场所。就算是配置了最新式设备的卫生间，使用的人只要有一个人没有注意，立刻会变脏。

用的人在使用时检查

就像浴室和洗脸台一样，我们想要教给孩子的是"考虑之后使用的人"。不是每周由母亲打扫几次，而是由使用的人边用边检查，就不需要大规模打扫了。

检查马桶圈上有没有洗手时溅出来的水滴或者掉落的头发；卫生纸有没有像伸出的舌头一样垂下很长；马桶底部有没有弄脏；地板上有没有掉卫生纸的碎片；地板上的垫子是不是歪了……

如果孩子出去之后父母发现了这些，那么与其由父母打扫，不如向孩子指出"马桶圈有水珠请去擦干净"。孩子上小学了的话，应该可以自己处理。如果是在那之前，让孩子"过来一下"，让他帮忙清理或看着父母清理就可以了。

给孩子在卫生间扫除中安排任务

虽然是打扫卫生的话题，但是从前有个说法是"让女孩子打扫厕所的话，她会变成美女"，我在大扫除的时候也被妈妈吩咐过"今天你来打扫卫生间"。虽然打扫厕所会变美的说法有些奇怪，但偶尔让孩子打扫一下卫生间，不失为一件好事。

经常听说，"明明是大公司的社长却给公司打扫卫生间""为了让失足少年改过自新而让他们打扫卫生间"等话题。卫生间，是家庭生活空间中最容易被弄脏的地方，当一个人清理干净一个他在生活中所必需的地方，也许会让他的内心某个地方得到平静。

这就是为什么有客人来访的时候要先打扫卫生间的原因。只凭卫生间干净这一点就会让人觉得整洁，反之不管房间有多干净，如果卫生间很脏就会有邋遢的感觉。卫生间，是一个很不可思议的地方。

如果对孩子教训过头，反而会让他们觉得很烦，所以没有必要向孩子说明理由，只是让他们试着亲手去打扫一下卫生间就好了。通过动手打扫，想必孩子自然就会发现其中的道理。

让孩子也参与扫除

虽然是超出了整理的范围，但是最后，让我们稍微谈一谈"生活中的扫除"。

扫除和整理一样，在许多家庭中都是妈妈的工作，只有在大扫除的时候父亲和孩子们才帮忙擦玻璃和打扫房子周围的卫生。

像"作为家务活的扫除"，如早上用吸尘器清扫地板、给地板打蜡，是没有必要让孩子做到这种程度的。比起这些，日常生活中我们想让孩子学会的是"发现后就动手的扫除"。

我们在洗脸台那一部分写过的"立刻擦拭"就是其中一个例子。

在家里变脏之前一直放着不管，然后一口气打扫干净，如果这样做，扫除就变成了一件很辛苦的家务活。这和整理是一样的。当你意识到哪里脏了，就马上动手保持住干净的状态，作为家务活的扫除就变得非常轻松了。

在我们家里，我丈夫喜欢干净，是发现乱了就会立刻动手整理的性格，所以我可以不用那么拼命收拾，而且一周都用不上一次吸尘器。

用清洁药品那样的大规模浴室扫除，也不是很有必要。当我意识到的时候，会发现自己最近一直没有"打扫"浴室。尽管如此，不管什么时候有客人要来，清洁浴室只要5分钟就可以了。

遗憾的是很多家庭中的丈夫对于家务活并不是很积极，那么，就更应该让孩子养成"一旦意识到哪里脏乱就动手整理"的习惯，让我们的家庭成为不需要"扫除"的家庭吧。

垃圾掉落了要捡起来

经常有地上只落着一两个小小的垃圾，用不着吸尘器的情况。零食袋子撕下来的边缘、购物小票、衣服上掉下来的线头……为什么这些东西明明很小却很显眼，真是不可思议。但是，正因为它们太小了，我们总是看见了也假装没看见。不管是大人还是小孩，都是一样的。然而，一两个这样小小的垃圾的有无，让房间看起来的整洁程度截然不同。

不要对小的垃圾视而不见，要养成轻松捡起来的习惯。为此，每个房间有小垃圾桶的话就很方便了，就不会因为捡起来扔东西太麻烦所以干脆不捡。

那么对孩子在这方面的教育，该如何去做呢？首先，当孩子吃零食的时候，掉下来的零食袋子的碎片、剪纸时候飞出的纸屑，不要让他们将这些留在原地，你可以告诉他们"东西掉下来了"，或者在结束的时候让他们去找"有没有垃圾掉在下面"。

孩子吃饭时掉落的食物，都是母亲为他捡起来，但到了五六岁，就可以让孩子自己捡起来，用抹布擦干净污渍。孩子去了幼儿园，也还是要让他们自己处理的。

如果孩子坐在椅子上或地板上玩耍时附近掉了垃圾，那么可以对孩子说"把垃圾捡起来"。让孩子明白"注意到了掉在地上的垃圾就要捡起来"的话，就是父母的成功。

灰尘（污垢）注意到了要擦掉

灰尘，不会在某一天堆积如山，而是日复一日，用肉眼不可见的量积累下来。刚开始的时候，几乎让人察觉不到。但是，当你意识到的时候已经积了一层灰尘了。

注意到的时候，用手边的抹布、纸巾擦掉，后面就轻松了。地板上的灰尘也是，虽然将整个客厅一口气打扫干净很困难，但是只快速擦拭电视机上面、茶几下面的积灰只需要一分钟就可以了。

因为让孩子自觉地"注意到"是不可能的，让他们看到母亲在做的身影就够了。让他们明白"打扫不是大张旗鼓地做，而是一点一点动手去做的事"就可以。

厨房的油污也是，在炒菜的时候轻轻擦拭，向孩子展示说"看，擦完就干净得发光了"。

在孩子上小学的时候，让他们稍微"擦一下电视上面"或问他们"能不能用拖布擦一下餐桌下面"。

到了小学高年级的时候，孩子就变得不听话了，在孩子无法反抗父母的年龄里，让他们觉得"就应该是这样"的话，身体应该会留下记忆。

东西堆满了要清空

家里有好多地方可以"堆积"东西。洗衣篮、垃圾箱、餐具沥水篮、报纸架、杂志架、光盘盒……

在垃圾箱被填满之前就已经攒了很多"垃圾",虽然不能说是什么大不了的事,但在感觉到"啊,垃圾攒了不少"的时候就把它们清空,养成这样的习惯的话,清扫和整理都会变得十分轻松。

一般来说,大家行动的顺序是"因为是周末所以我要洗衣服""因为是垃圾回收日所以我要扔垃圾",但"感觉到攒了不少"也是一个合适的行动时间点。

因为洗衣篮堆得太满了,所以我要洗衣服;沥水篮好像存了很多水,我要整理一下;报纸架上的报纸太多了,我要把它们收到储物柜。

孩子们如果抱怨"垃圾箱里放不下了""光盘太多塞不下了",这时候就跟他们说,"放不下了吗?那把垃圾箱里的垃圾倒进垃圾袋里""把不看的光盘收起来(从电视柜收到光盘收纳盒之类)",向孩子们发出指令。

能向孩子传达出,"堆满了"是一件让人不舒服的事情就足够了。

孩子的房间让孩子打扫

自己管理自己的私人空间是基本的事。关于打扫也是,不希望父母总进孩子的房间。如果演变成"把父母关在门外"的话就很麻烦了,但父母"不去打扫",只是"进入孩子房间""去孩子房间聊天""把东西搬到孩子房间"这样的事是理所当然的,只要有这样的规则就可以了。

关于打扫,将孩子3岁、6岁、10岁作为区分也同样适用。3岁之前帮孩子打扫,6岁之前让孩子帮父母打扫,10岁之前差不多可以让他们自己打扫了,父母偶尔去检查一下就好。

会整理的孩子走到哪里都超棒

根据一个孩子的房间谁来打扫的调查，我们知道，日本的小学 1 年级学生中"孩子自己打扫"占 1%、"妈妈和孩子一起打扫"占 28.6%、"妈妈打扫"占 65.3%；小学 4 年级学生中"孩子自己打扫"占 5.8%、"妈妈和孩子一起打扫"占 32.5%、"妈妈打扫"占 51.8%；高中 1 年级学生中"自己打扫"占 26.0%、"妈妈和孩子一起打扫"占 27.7%、"妈妈打扫"占 45.2%。

即使上了高中，7 成以上的孩子还是要让妈妈来打扫自己的房间。

在美国，孩子 6 岁时"自己打扫"的比例就已经是 71.7%、"妈妈和孩子一起打扫"占 11.3%、"妈妈打扫"占 15.1%。荷兰的小学 2 年级学生中，"孩子自己打扫"占 29.4%、"和妈妈一起打扫"占 39.2%、"妈妈打扫"占 23.5%，小学 4 年级学生中有半数都是自己打扫房间。[1]

和外国做比较之后，我有一些感想，认为日本的孩子太不自立了。而且，我认为并不仅仅是打扫这一方面。

---

[1] 此处数据来源于原著出版时间 2005 年。

通过整理，培养孩子

1. 培养孩子成为不给别人添麻烦、为他人着想、在公共场合也能如此表现的人。
2. 让孩子自己寻找能做到的事情、有自发的整理意识。这样的意识、习惯会成为他一生的财富。

让孩子整理、帮忙的时候

1. 吃饭　饭后的整理是当然的，还要让孩子寻找有没有其他能做的事。
2. 客厅　向孩子贯彻家庭共用的场所里不放置个人物品的规则。
3. 浴室　让孩子考虑到接下来使用的人的方便，出去之前先检查。
4. 洗脸台　让孩子养成在使用之后，动手将洗脸台整理好的习惯。
5. 洗衣　让孩子亲手做力所能及的事。
6. 玄关　让孩子考虑外面的人来了会感觉如何，站在他人的立场感受，让他们在意他人的目光。
7. 卫生间　让孩子用完之后检查一下，考虑接下来使用的人的感受。

专栏

从打扫开始的一天

请试着回想小学时候的场景，或者是你作为新人刚入职时候的场景。

至少在 30 年前的小学里，桌子是由全天值日的同学擦的，老师的桌子、同学的桌子都要擦，给花换水、擦黑板……然后，早上的课业就开始了。

当我还是新员工的时候也一样，新人要擦桌子，虽然这段经验已经是 15 年前的事了。因为是在男女雇佣机会均等法实施之后的事，所以只要是新人，不分男女，按照值班制擦桌子、给部门内所有人倒茶，在这个过程中，工作就开始了。

一天结束后，学校里要打扫卫生，工作场所就是大家三三两两地散去，每个人只把自己的桌子迅速整理一下然后回家。

前不久看家庭剧的时候，早上也是从打扫开始的，大概是从抖一抖被子开始吧。用鸡毛掸子清扫推拉门框上的灰尘、用扫帚扫地。然后在干净的房间里摆出矮桌、端出饭菜，早餐就开始了。

相反，我现在的生活习惯很糟糕。早上送孩子上学回来立刻坐到电脑前面,比起打扫和洗衣服,工作更优先。我尽量攒在一起在周末打扫,而且经常在时间空闲的晚上洗衣服。

我当然不会说什么因为我就是一个这样的人之类的大话,不过,我认为,从干净整洁的房间和擦去灰尘的桌子开始的早晨,真是一个美好的早晨。而且,这种清爽的习惯,难道不是大家都拥有才好吗?

比如说,早上的餐桌就算看起来很干净,到了晚上也会积攒了一些灰尘。把擦桌布递给孩子,试着教他"把桌子擦一擦"。又或者,给孩子安排一个"早上起来之后,把玄关打扫一下"的任务。当我还是个小学生的时候,我也很不情愿。如果是独栋住宅的话不仅要打扫玄关,连家门前的道路也要打扫,这种时候就要告诉孩子"不仅是家门前,邻居家门前也要打扫一两米"。虽然早上很忙,但是只要两三分钟就可以了。

像暑假这样的长假期,如果孩子上午要学习,那就让他们养成"开始之前先把桌子整理一下"的习惯。

不仅仅是在早上。如果晚饭前餐桌上有孩子的东西,不要把它挪到一边,而是说"把它们收起来"。当然,我会收拾自己和丈夫的东西。如果大家在客厅放松的时候,桌子上杂乱无章,那么在坐下之前大家一起把桌子整理好。

虽然是很麻烦的事,但如果让大家认为"就是这样的规则",应该可以调动起大家来。

这是以前的人们自然而然就能做到的事情,在孩童时代养成身体记忆的话,将来一定能够自然而然地做到的。

第4章 儿童房应该怎样使用

儿童房的不要论、需要论

当我们听到"儿童房"的时候，会条件反射地想到"应该有儿童房，还是不应该有儿童房"这样一个论点。儿童房是孩子堕落的温床，也许会让孩子拒绝与家人沟通。

所以，在这段时间里一直"不在儿童房做隔断""做共用的儿童房"，或者"在房间构造上儿童房不能直接从玄关过去，而是要先穿过客厅等处"这样的设计很吸人眼球。

这样的争论是随着20世纪80年代青少年不正当行为或犯罪，或者是青少年与社会隔绝的问题而来的，并且一直持续不断。当时，通过给孩子提供房间，来培养他们的个性，让他们成为独立的孩子，专注于自己的学习，也可以防止青少年的不法行为，当时据说有这样的益处。后来这种情况一下子反转，变成了"最好不要轻易给孩子提供单独房间"的风气。

现在，20～40岁的父母们，关于自己有单独房间的美好回忆明明有很多，却不知道给自己孩子准备房间到底是好还是不好，找不到答案。

事实上，孩子专用房也好，兄弟共用房也好，给孩子准备房间的父母大有人在。在1994年的一项调查中，4～6岁的孩子中，15%有专用房，33%是共用房；7～9岁的孩子中，有专用房的占30%，共用房占46%（根据日本女子教育会，现日本女性学习财团的调查结果）。然后，到了高中阶段，将近八成的人拥有自己的房间，如果包括共用房间的话就是接近全员都有自己的房间（根据各类统计，均有以上数据）。

虽然给了孩子房间，为"孩子不与家人沟通怎么办""孩子在自己房间的时候在做什么呢"烦恼的父母还是很多。

作为个体生活，独立房间是必要的

对于如何培养孩子，社会上有各种言论，还有很多局外人也要插嘴，就算是很有自己想法的父母，也开始因不知所措而烦恼得不行。更何况，那些本来就没那么自信的父母，很自然地会被社会上那些高调的言论所左右。

我也一样，在培养孩子的时候也有很多烦恼。尽管如此，我的想法还是"即使是孩子，也和我一样是人"，虽然出生在不同年代，但生活在同一个时代的社会里，个人的差异也不是什么大不了的事，我是这样认为的。如果我们试着这样想，那么关于孩子的独立房间这件事，就会很简单地认为"果然还是必要的"。

之所以这样有自信，是从我自身童年时代的经验和作为一个大人现在的心境而得来的。

当我还是个孩子的时候，从幼儿园到小学2年级都和姐姐共用一间屋子，之后是将房间改造，用百叶窗很好地隔成两间屋子，进入中学之后我就拥有了完全独立的单人房间。

特别是从小学中年级到高年级，在单独房间里度过"自己的时间"，极大地培养了我的想象力。读书、躺着，按照自己喜欢的方式布置房间，有几个小时的独处时间，

会整理的孩子走到哪里都超棒

也能享受和家人在一起的时间。

"一个人生活"和"与他人一起好好生活"有着非常紧密的关系，如果其中一方面遇到了障碍，另一方面恐怕也不会顺利。用更理论化的语言表述就是，为了能够持续地确立作为个体的自我，"个体"存在的部分和"共生"的部分，都是我们所必需的东西。

所以，单独的房间是必要的这件事，不仅仅针对孩子。既是母亲又是妻子同时还是一个女性，我坚定地认为"妻子（母亲），也需要一个单独的房间"，一起生活的家庭成员，丈夫也好、妻子也好、孩子也好，都需要一个可以独处的空间。

虽然现在日本的住宅是按照"夫妻的卧室"+"儿童房"+"客厅"的理念形成的，不管房间多小（就算只有床），也都有各自的房间，这样反而能有想要和家人一起的心情，能够珍惜和家人一起度过的时间。

现在，也是因为我们夫妻俩在家里工作，所以我们有自己的房间。我觉得每对夫妇有了把自己关在自己房间里的时间，才能心情舒畅地、愉快地度过一起吃饭的时间、一起喝酒的时间、和孩子一起玩耍的时间、一起看电视的时间等。当我们因为工作而烦躁不安，脸色不是很好的时候，或者对家里的某个人生气时，可以把自己关在房间里让自己冷静下来，然后重新恢复温和的情绪，这样的事情是经常有的。

如果一个家庭的成员不能很好地沟通，这并不是独立房间的错。如果家里不舒服，而且没有单独的房间，孩子也许就会出去。对那些走上不轨道路的少年进行调查，回答"我在家里没有地方待（包括儿童房）"的孩子，据说非常多。

另外，拿掉模棱两可的隔断，建立一个"开放的儿童房"，不让孩子享受孤独，我认为这是表面上信赖孩子，内心却好像在怀疑，这样并不好。

最好在10岁之前，给孩子一个单独的房间。最好是一个按照孩子意愿创造的"封闭空间"的房间（如果家里的空间不允许的话，可以不限于此）。

不要以"学习专用房间"为名目，而是希望孩子们在真正意义上作为独立的个体而生存，因此，希望他们成为能够熟练使用独立房间的孩子。

家和儿童房一样

我在想,关于"我们的家",是不是也可以说和儿童房一样。

大家都希望有一天能拥有自己的房子。新建的房子,独栋的话差不多 30 坪(日本的面积计算单位,1 坪 ≈ 3.3 平方米),建一个露台,搞一搞园艺或者开个家庭聚会,有很多人都有这样的梦想吧。

日本的住宅情况比过去好了很多。在过去的 20 年里,全国大约有 60% 的人住在自己的房子里,在东京大阪等大都市里也有五成左右的人住在自己的房子里。"兔子窝一样的窄小房间"如今变了样,2000 年,日本全国平均住房面积已经超过了 90 平方米,东京的住房面积最小是 63.4 平方米,但也在逐年增长(根据总务厅统计局数据)。

人要想生活得丰富多彩,能安心地居住非常重要,不仅因为"付同样的钱租房好还是住属于自己的房子比较好"这种金钱上的原因,还因为能住在自己的房子里是件幸福的事情。从这个意义上说,"总有一天会拥有自己的房子"这种心情,不该被否定。

然而,就算我们该肯定有自己房子的志向,实际上看到住宅区的真实情况,也有一些让我们难以认同的事。

到与隔壁的分界线为止都是属于自己的,就几乎要把自己家建到隔壁边缘、把东西堆得高高的,根本不在意隔壁的家里也有窗户;即使公共垃圾场乱七八糟,每个人都是"不关我事";在一排普通的木制砂浆房子中间,突然出现了粉红色和黄色的个性化房子……

极端地来说,即使是那些被称为"垃圾房""猫屋"等给附近邻居带来不便的房子,如果房子主人主张"这是我的私有土地",政府也束手无策。

关于儿童房和孩子与家人的交流这件事,和这些社会上被广泛讨论的事情是一样的。

我们不仅要关注个人房间,对于"自己的家"也是,要稍微考虑一下如何兼顾"作为个体"和"与人共同生活"这两点,经过思考,然后付诸行动。

孩子的房间就是孩子的自我

看了儿童房的需要或不需要的观点，就会发觉他们只是关心房间布局而已。也就是说，父母给或不给孩子一个封闭的空间，或者是给他们一个什么样的空间，只是对空间方面的关心。

但是，儿童房不只是一个箱子，而是孩子要在那里度过自己的时间，与自己或者自己选择的物品进行对话的空间。这是一个由孩子自己管理，并得以让自己舒适居住的空间。

就像公寓里相邻的房间虽然户型相同，但因为住户不同空间设置也有着惊人的不同一样，房间也会根据常住的人不同而有着巨大变化。房间，就是住在这里的人表现自我的地方。

在序言部分的"整理能让孩子和物品打好交道"标题下面，我写过"知道一个人和什么样的物品一起生活，就能知道他是怎样的人"。孩子的房间，就是实践这一点的地方。家具的布置、海报的贴法、窗帘的图案、窗边摆放的塑料模型……让孩子自己尝试各种布置方法，得出"成功了""住着舒服，真好""不知怎么的，对这个窗帘已经厌倦了"等感想，以这些感想为基础，在孩子们想要换新东西、试着摆放物品的时候，孩子会意识到"自己的特质"。

给孩子一个单独的房间，教他们如何管理这个空间就是父母的职责。从这个意义上说，重要的不是"房间给还是不给"，而是"给孩子房间之后，如何去使用"。

从几岁开始，给孩子怎样的场所

我认为，如果我们把独立的儿童房看作是一个"孩子培养自我、表达自我的场所"的话，就可以简单地根据孩子的年龄来定位儿童房应该是一个什么样的场所，大致都不会出错。

据说，孩子逐渐离开母亲身边并开始意识到"自己"的存在是在 3 岁以后。从这时候到 6 岁左右，就算母亲在身边，孩子也不可能完全在母亲的监视下，可以给孩子一个儿童房或者自己的角落，作为孩子"自己的场所"就好。

特别是在三四岁之前，当孩子一边玩娃娃或者画画一边沉浸在自己的世界时，他们实际上不会在意妈妈是否在旁边看着，就算不需要封闭的空间，只要给孩子"自己的地方""自己喜欢的地方"就可以了。这个年龄段的孩子个体差异很大，有独立性强的孩子，也有因喜欢而不愿离开妈妈的孩子等。一边观察孩子，一边考虑房子的布局和家庭情况，不管是给他们一个角落，还是给他们一个房间，哪一种都可以。

不管家长选择了哪种，孩子从这个年龄开始，最好还是能有一个地方，一个让他们觉得"这里是自己的地方""这里如果不靠自己收拾就不行",能感受到自己的权利和责任的地方。

进入小学之后,就有了"我是小学生"的自觉,孩子们渐渐扩大自己的世界。到了一个比起和母亲一起玩,更喜欢和朋友们一起玩的年纪。我还依稀记得,我正好在那个年纪开始害怕"如果我死了,会怎么样",或者是想到"我对于自己来说是'我',妈妈对于她自己来说也是'我'",诸如此类的奇思妙想。

在这个年龄段,"自己的房间"就变得有必要了。孩子已经到了可以扩大各种复杂情绪的年龄,比如愤怒、悲伤、快乐和后悔,有一个能让他们"享受孤独的场所"是必要的。

学习和整理也是,不要依靠母亲,而是要让孩子觉得"只能靠自己",所以为达到这个目的,让孩子在自己的房间负责自我管理和物品管理应该是一个契机。

另外,如前所述,一个人作为个体生活下去,"个体"和"共生"这两部分都要很好地控制,这种控制能力是十分必要的,所以从孩子上小学开始,就可以训练他们将家庭成员的空间和自己的私人空间分开使用了。

孩子10岁的时候，希望他们能够很好地自己管理房间。10岁的孩子，无论在经济上还是身体上，当然在心理上也还是孩子，但也差不多可以说是终于长成半个大人了，在那之后孩子会迎来青春期，迟早会成为一个独立的人。

到了青春期，父母认可孩子是"个体的人"，并这样去对待孩子，让孩子从半个大人成长为一个大人，再逐渐走向成熟。如果孩子到了20岁，或者离开家后再把他当成大人一样对待，那就太迟了。父母把孩子当半个大人也好，一个大人也好，孩子会随着你对待他的方式形成他的行为习惯和想法。

孩子房间的布置方法

之前我们说了父母可以按照孩子的年龄，粗略地考虑孩子房间的事情。

从这里开始，我们将前述内容更加细化，具体来看孩子的房间如何布置、该有怎样的整理原则。

不过，这里所写的只是我的想法，根据孩子的个性和家庭状况会有无法做到的及不合适的地方，希望大家能够灵活运用。

第4章 儿童房应该怎样使用

3岁之前——在母亲的身边

孩子3岁以前,在家的大部分时间都是待在母亲身边。这是一个无法管理自己的物品也理所当然的年纪。另外,孩子的物品也只是衣物和玩具而已。

让客厅一角成为"孩子的专区"

优先考虑到孩子"在母亲或者家人的身边",3岁之前在客厅给孩子做一个"孩子的专区"就足够了。这个专区,如果母亲也用着方便,就没有什么问题了。找一个母亲做饭的时候或家人看电视的时候,孩子可以一直在旁边玩耍的地方。

反正孩子会把玩具拿到母亲身边,即使在远一点的地方准备了单独的房间,孩子也只是从那里忙忙碌碌地把玩具搬到客厅。如果父母是用欧美的育儿方法,"不和孩子一起睡,从0岁开始就分开住"的话,把儿童房做成睡觉专用,在客厅建一个"玩具专区",这样的方法也不错。

孩子在青春期之前都可以和父母黏着,我是这样认为的。这也可能是因为我的性格就是喜欢肢体接触,如果孩子觉得一起睡更舒服就和他们一起睡,反正早晚孩子会离开自己身边。父母和孩子之间的亲密接触和尊重孩子作为个体这二者是完全可以并存的。

虽然母子间的过于亲密时常被人说不好,但是如果陷入了类似于"给孩子私人房间的话,孩子就会成天宅在家里"的偷换概念的理论中,也是很危险的。

就像我之前说的,母亲不要因为"自己做的话会更快"就出手,和孩子认真地去交流,作为父母让孩子能追随自己的行为,我认为父母做到规范了自己,许多事情就会变得能顺利进行。

孩子的专区要"取出方便,放回方便"

一般来说,在孩子还很小的家庭里,整个客厅往往会散落着小孩子的东西。建孩子专区的时候,首先要将边界想清楚"只有这部分空间是儿童专区"。

在客厅适当的墙边放置架子、篮子等物品。比起抽屉分得很细的柜橱,用能把玩具和书一下子拿出来又放回去的开放式架子和篮子,妈妈和孩子收拾起来都更容易。

把玩具收纳柜的前面定为"儿童专区",然后告诉孩子"在这里的话把玩具摆开也可以""玩完了之后,放回这里"。即使空间不闭合,就说在"放玩具的柜子前面"也可以,铺上垫子,按照榻榻米的边缘告诉他们界限在哪里也可以。

在放换洗衣服的家具附近设置儿童专区也可以,小孩子早上起床后穿着睡衣来客厅,洗完澡换完衣服也在客厅玩耍。

帽子、大衣等,最好在玄关等地方腾出空间来收纳比较好,因为孩子们穿着外衣就进客厅让人难以忍受。

给孩子养成用完东西放回自己专区的习惯

如果妈妈在吃饭前或睡觉前把玩具放回儿童专区,孩子也会帮忙一起。这就足够养成孩子"整理"的习惯了。

让孩子明白"东西用完是要放回去的",这样就可以了。

即使客厅看起来很乱，也随他去吧

作为母亲时常叹息："小孩子的东西，颜色和形状各不相同，只是摆放在那房间看起来就杂乱无章。"然后问我："怎么做，才能让客厅看起来整洁呢？"

虽然能理解这种心情，但是在养育小孩的过程中，重要的一点就是随他去。只要房间干净就好。就算多少有点杂乱，因为有小孩子也没办法。在孩子出生后的三四年就这样随他去吧。也不是说房间一定要整洁又漂亮才好。物品放在该在的地方，就是一个居住方便、舒适的房间。

要是为了让房间看起来更干净就用布遮住，或者将东西分类到篮子里，但如果取出和放回都变得不方便，反而会把房间弄得一团糟。

如果说有什么对策的话，那就是好好投资做儿童专区用的收纳家具吧。虽然使用现成的塑料家具或百元店买的收纳筐也可以，但是考虑到要用几年，还是试着找一找与房间内装相匹配的收纳家具吧。只要把收纳家具的颜色统一了，房间看起来就会有很大不同。

3岁开始——给孩子一个儿童房

孩子这个年龄的时候依旧在"儿童专区"也可以,如果有多余的空间,准备一个房间也好,这两种选哪样都可以。但是,孩子随身携带的物品在增加,独自玩耍的时间和朋友们来玩耍的机会也在增加,因此我认为可以考虑给孩子准备一个房间。

在客厅旁边准备一个房间

3岁之前还是想和母亲在一起的,完全离开父母的视线还为时过早,所以最好把客厅隔壁的房间改成儿童房。

如果是楼房,经常会有客厅和另一个房间相邻的布局。好像有很多家庭把那个房间当成夫妻的卧室,或者当作客房,不如试试把这里用做儿童房。即使是和客房兼用,来住宿的顶多也只是亲戚,就算屋子里有孩子的东西,也不会感到不好意思。

独栋的情况要取决于房子的设计,所以可以适当地考虑一下房屋格局。但是,如果只能选一个在远离家人所在的客厅的房间或不同楼层的房间的话,就没有必要非这样准备了。

不管是普通的门,还是推拉门,在这个时候都应该保持开放,为的是这样孩子在房间里玩耍的时候就能感觉到妈妈的气息,妈妈也能看到孩子在做什么。

这个年龄的孩子,会时不时地钻进衣柜里,或者在桌子下面用毛毯搭帐篷,享受做出来的一个人的空间。如果孩子的朋友来玩,孩子会说"妈妈不要来"或者"不要看",把父母排除在外。

孩子到了房间的角落,父母的视线无法到达,或者关上门藏起来,有一个相对独立的单人房间的话,也不是一件坏事。

如果是农村那样宽敞的老房子,或者是错综复杂的老城胡同的话,到处都会有父母无法看到的空间,现在的住宅到处都能被父母看见。有意识地创造一个"父母看不见的地方",也许刚刚好。

收纳家具作为"儿童专区"的延伸

孩子在学前班或幼儿园的年龄,以收纳家具作为"儿童专区"的延伸就足够了。

孩子在这个时期的玩具和书会越来越多,如果可以的话分成玩具专区、书籍专区(也就是书架),还可以分出衣服专区。

这个时候,可以让孩子自己整理,母亲在旁边"帮忙"整理,让他们自己来判断东西"需要还是不需要"。前面我们详细讲了,为了让孩子自己整理得更加方便,可以把玩具都放在玩具专区,按照几个种类分成小组准备好收纳篮,各位家长可以试着在这里下功夫。

最重要的是,要认真地告诉孩子"这个篮子是放娃娃的"。我们要让孩子们自己把握,他们物品的固定位置在哪里。如果孩子说"我不知道这个东西放哪里",就跟他们说"放在装娃娃的篮子里"。不要跟孩子说"给我,妈妈帮你放进去"等后从孩子手里拿走。

书的话,如果放得太挤了,以孩子们的力气是无法把它们放回去的。一旦确定了固定的位置和固定的数量,父母可以时不时地检查一下里面,把那些因为孩子长大了而不看的书和基本不会再看的书处理掉。

孩子的物品放回孩子房间

让孩子养成"东西用完了要放回去""不要把自己的东西放在大家的公共区域""孩子的物品要放回孩子房间"的习惯。在客厅或餐桌上的玩具或书籍,告诉他们使用后要"拿回房间里去"。

制定摊开玩具的"例外"

如果给孩子一个房间，玩具火车、娃娃的家、纸箱做的基地等，他们一定会把这些玩具拿出来摊开在地上。在客厅里摊开的话，父母不管怎么都会阻止的，但是如果在"孩子的房间"的话不管是父母还是孩子，都会不知不觉地放松警惕。

这并不意味着保持孩子房间里什么都没有摊开的状态就是好的，不行的是，无限制地什么都拿出来摆着。

因为孩子有孩子的安排和想法，我觉得可以给他们制定一个"例外"。就算有"不要把东西放在地板上"的规则，如果孩子说"因为我不想把东西弄坏"的话，就把"那暂时，把组装好的玩偶之家放在地上也可以"作为例外规则。要跟孩子明确地传达"可以把玩偶之家放在那里，但是你必须把其他的东西都整理好"。

如果是大型的玩具火车，我们可以规定"范围"。跟孩子简单表示"如果东西超出了这个垫子的范围，就要收拾一下"。

6岁开始——让孩子意识到自己有了『单独的房间』

6岁,也就是小学入学前后,可以给孩子一个单独的房间。如果有兄弟姐妹的话,不用太在意男女,让他们共同使用就可以了。

让孩子有"自己的房间"的自觉意识

6岁之前给了孩子一个房间也好,给了孩子客厅的一角也好,都应该跟孩子明确地交接一下比较好,对他说:"从今天开始,这就是你的地盘了。按照自己的喜好来处理就可以,但是要自己整理、打扫,自己管理。"

小学入学后要购入书桌,这样的大事发生的时候,是跟孩子交接的好机会。好好地给予孩子们一个让他们觉得"这是自己的地方""这是自己的房间",对孩子来说是一种感到自己"变成大人了"的快乐。

这种时候,父母和孩子应该确认"孩子的房间,要这样使用"的规则:

孩子自己打扫房间,每天的整理由孩子自己来做,妈妈来房间用吸尘器打扫地板

垃圾由孩子自己拿出来(每个周末由妈妈来检查)

房间的门可以关着,想进来的人就敲门

孩子到了晚上,不要把自己关在房间里,要帮忙准备晚餐

不要一吃完饭,就马上回到自己房间去。

任何规则都可以,前提是父母和孩子都能接受,并能共同遵守这个规则。

另外,给孩子提供房间,不论如何都要让他们自己管理,我们必须明确地让孩子区分"自我管理"和"为所欲为"之间的区别。

打扫是孩子自己做,虽然是这样说,但如果屋子实在是太脏了也可以跟孩子说"妈妈觉得这样脏的房间不好,现在立刻去打扫干净"。如果孩子还嘴说"因为是我的房间,所以我自己做主"的话,只要以"我们家,是不允许把房间弄脏的"这样的理论回答他就可以了。

在家庭中,首先优先夫妻的价值观,孩子要遵从父母的价值观,我认为这样是可行的。因为家庭,不管怎么说都是夫妻共同生活的场所。

场所设在哪里都可以

孩子到了这个年龄,房间不用在客厅旁边也可以了。如果别的地方还有适合做孩子房间的地方可以换到那里去,客厅旁边的房间变作夫妇的卧室、客房、丈夫或者妻子个人的房间也可以。

这种情况,孩子的房间比之前窄了,但没有关系。有能放下床和学习桌等最低限度的生活用品的宽度,4叠半就足够了(4叠≈6.48平方米,1叠约1.62平方米)。如果收纳是固定在墙上的那种,即使有3叠(约4.86平方米),也可以成为一个很好的个人房间。

人类,是在狭小的空间里反而会觉得平静的生物,孩子们更是如此。如果不懂这点,给他们一个宽敞的房间,那么还没有学会如何整理房间的孩子,最后只会慌慌张张地把东西弄得到处都是。

另外,如果适合孩子的房间恰好在玄关旁边的话,至少应该和孩子约定"回来的话,对客厅里的妈妈说一声'我回来了'"。

让孩子自己收拾自己的房间

虽然我们说"孩子房间的规则只要孩子和父母都接受了,不管什么规则都可以",但是基本上就是孩子的自我管理,这一点应该无须多言。

关于打扫和垃圾也是,虽然母亲不帮忙的话孩子就有很多部分无法完成，但是如果孩子连"每天整理""把脏了的东西拿出去""把垃圾扔掉"这种程度都做不到是不行的。

我认为，让总是忍不住出手帮忙的母亲进行自我控制才是最重要的。在告诉孩子"不自己动手，是很丢脸的事情"的同时，父母们更应该意识到"总对孩子无法放开手的父母，也是很丢脸的"。如果有做不到"离开孩子"的父母，孩子们是很痛苦的。

按孩子自己的喜好布置房间

像我们之前说过的，私人的空间基本上按照孩子自己的喜好调整就可以。

调整，也就是常说的"布置房间"。孩子可以把已有的玩具陈列起来、把喜欢的照片贴在墙上、父母给的桌子或架子按照自己的喜好摆放和调换，等等。

从这个年龄开始，正好是孩子们开始对布置房间感兴趣的时候。

在这个时候，如果父亲和母亲能和孩子商量、帮助孩子搬动家具就很好。与其孩子一个人自顾自地干，一个人得到满足，不如孩子和父母互相提出想法，互相称赞"这个想法好"，这样孩子应该能渐渐掌握室内布置的知识和技巧。

购买家具的方法

学习用桌也是这样，既然给了孩子一个单独的房间，不如也让他们试着自己选一下家具。

不用说,我们并不需把孩子说"我就要这个"的东西,按他说的买下来。过于昂贵的家具、怎么看都是孩子无法保养的家具或是用不习惯的家具、卡通人物造型的家具、孩子用一段时间就会厌倦的家具、看起来不错但质量差的家具……父母看了,如果判断为不合适的家具,应该以"这个不好"来驳回孩子的要求。

家具,是使用时间很长而且价格昂贵的东西。如果买失败了,那就麻烦了。"我觉得这个不好,原因是……",应该用这些来教孩子挑选家具的方法,一起寻找父母和孩子都能接受的家具。

最近,"给宝宝一个有温馨触感的木头玩具""让宝宝从小就接触到真正的木质玩具"这样的想法已经在父母心中根深蒂固。在孩子婴儿时期父母很有热情,但当孩子长大了他们改变了想法。父母们因为眼前的便宜价格动摇了内心,想着"孩子独立之后再买好的东西也行"。

但是,在孩子小时候给他们好的东西,给他们养成好好使用物品的习惯,才是更加重要的事。孩子长大后,小学时买的桌子还能继续用是一件多么好的事。孩提时代的整理柜暂时放在衣柜里使用,结婚后给自己的孩子用,类似这样的事情,也是让物品丰富的使用方法。

兄弟姐妹房间的共用

经常会有这样的状态,老大在上小学的时候,兄弟姐妹共用一间房,老大是有书桌的但是老二没有。当然,只要在需要的时候给他们必要的家具就可以,但是老二不知怎么就会有"房间是哥哥的"这种认识,对兄弟之间的谁来说，都不是一件好事。

如果要给孩子们共用的房间，在给他们房间的时候，要下点功夫让他们各自认为那是"自己的地方"比较好。

即使不用百叶窗或家具做隔断，也要把"哥哥的书桌"和"弟弟的游戏用桌"（现成就有的也没关系）分开放，把"姐姐的玩具专区"和"妹妹的玩具专区"分开。然后，让他们各自管理属于自己的地方。

地板，作为兄弟姐妹的公共空间，要让兄弟姐妹在他们之间制定规则。"想在地板上玩，要先收拾一下""从房间最中间的那条线开始，线的这边哥哥不能用，线的那边弟弟不能用"等，让兄弟姐妹好好想想。

如果兄弟姐妹间发生争吵、不能很好地使用房间的话，妈妈可以问问兄弟姐妹各自想怎么样，一边给他们建议，一边让他们自己试着制定新的规则。

把"卧室"和"学习室"分开，学习室用窗帘等隔开。如果 8 叠房间（约 12.96 平方米）的空间里有 2 叠（约 3.24 平方米）的空间是壁橱的话，可以在墙壁做一个不到 3 叠（约 4.86 平方米）的隔断，作为只有床和桌子的空间，类似的办法有很多。

重点是房间"用不着太大也可以"，只要确保这是让他们能一个人独处的"属于自己的地方"就可以了。

孩子房间的电子产品

因为孩子房间的电视、电话、电脑、空调等设备齐全，导致孩子把自己关在屋子里不出门，这样的问题以前就被人指出过。家里用的电视或电脑在更新换代的时候，把旧的给孩子用，这样循环利用的情况也不少。现实中，根据2002年的调查，自己房间里有电视的孩子占35%（《青少年的电视媒体影响调查 第1次基础调查》，电视放送和青少年委员会）。

孩子房间里如果有电视或电脑，实际上是什么情况，不试一下是不知道的。但是，在给他们单独房间的时候，上述电子产品该如何处理，家人之间可以一起讨论一下。如果父母认为"电视对于孩子也是必要的""孩子早点使用电脑更好""如今的时代，在舒适的温度下生活是理所当然的"等，向孩子传达父母的考虑，把这些产品给他们用也无妨。

我对于现在社会上的主流想法基本上是赞同的。那就是"孩子的房间里不放电视""电脑要孩子到了一定的年龄（高中生或者大学生时候），再给他们专用的""不能让孩子无限制地使用手机"。原因就是，电视或网络这样的媒体，使用起来需要某种必要的能力，孩子没有具备身心的双重能力，不能让他们无限制地接触媒体，我是这样认为的。

特别是，正如人们所说的"媒体素养（对于媒体的读写能力）"一样，媒体是多种多样的，而且"向别人传达某些信息"这件事，对于媒体所传达的内容，成熟的判断力变得必要起来。即使不是像暴力内容这样简单易察觉的"不好的信息"，有些网站把谣言写得像事实一样或为了批判而批判等，这样不容易察觉到的"不好的信息"也有很多。

总而言之，我认为"在孩子成人之前，由父母限制他们过多接触媒体比较好"。

2004年2月，日本儿科医学会发行了《针对"儿童与媒体"问题的建议》，其中的内容，我为大家转述一下。

· 2岁之前，控制孩子对电视、广播的接触。

· 喂奶、吃饭时候不要看电视、听广播。

· 限制孩子对一切媒体的接触时间是很重要的。

· 孩子的房间里不要放电视、收音机、电脑。

· 监护人和孩子制定关于如何很好地使用媒体的规则。

当然,不管想要给孩子什么东西,都不能绝对地说是好还是坏。

但是,我还是要再说一遍,至少父母要向孩子清楚地传达自己的价值观,让孩子将父母的价值观和自己的感觉相对照,对事物能够有自己的判断,这是父母的责任。

10岁开始——让孩子自己管理房间

在孩子小学入学到小学三四年级这段时间，如果孩子一点点地学习了自己房间的使用方法，10岁时就可以安心地让他们自己管理房间了。

在"自己居住的地方"

孩子到了一个越来越需要"能一人独处的地方""自己的城堡"的年龄,父母们最好清楚地意识到"孩子的房间,是属于他自己的私人空间"。孩子们会很好地明白,私人的空间是"自己居住的地方",也应该能理解到,正因为家里有自己居住的地方,和家人一起生活才舒适。

即使是父母和子女也要互相尊重私人空间,这样反而能维持父母和子女之间的信赖关系。

不仅仅是父母要尊重孩子的个人隐私,我们也希望教会孩子如何尊重父母的隐私:不擅自进入父母的卧室或个人房间,不在父母说话的时候打断他们,尊重父母的意见。

父母提意见但不要插手

和10岁之前一样,虽说房间是让孩子自己管理,但并不是不可干涉的。关于这一点的思路是,"不要插手孩子的管理,对他们提意见"。

当孩子在房间里的时候,敲门问他"我能进来吗"是一种礼仪。换衣服、看不想让父母看到的东西、懒洋洋地躺着,这些不愿意让别人看到的行为,不管是孩子还是大人都会有的。

但是,让"孩子的房间"不论何时被看到也无所谓,也是一种对共同生活在一起的家人的礼仪。不仅是孩子的房间,夫妇单独的房间也是一样。

虽然孩子完全独立了,父母对孩子的房间还是有提意见的权利。

让孩子感受室内装饰的乐趣

孩子到了这个年龄,父母和孩子一起去逛家居商店是很有乐趣的。

最近,人们对室内装饰的兴趣很大,有各种各样的关于这方面的杂志和商店。可以说,要想提高室内装饰的品位需要三代人的打磨,在锻炼室内装饰搭配的能力当中,观赏和体验是十分重要的。

首先,让孩子从"自己的房间"这个窄小、易于思考的空间中实践室内装饰的搭配。即使是长大后突然开始实践,一开始的品位也不可能很好。从童年的时候反复不断实践,到一定年龄拥有自己的房间,孩子会找到"符合自己个性的风格"和"自己喜欢的家具"。

家具、墙壁的材料和颜色、窗帘和床罩、照明设备……即使是一间小小的儿童房,选择的范围也很广。如果孩子想自己粉刷墙壁可以让他们试试,不想要窗帘的话可以让孩子试试百叶窗。

就算是父母眼里看着是很乱来的搭配,孩子想做也可以让他们试着做一下。

当我还是个初中生的时候,明明住在北向的房间却把床垫铺在地上。后来发现不但很冷,而且床单上还会有土,所以很快就放弃了,但这不失为一个很好的经验。

我拿欧美儿童房的照片做了各种各样的对比,发现他们从孩子的时候就能将优质素材的家具、好看颜色的布料进行很好的搭配。虽然整体上有文化共通性,但每个孩子的房间都充满了惊人的个性。

从孩子房间的陈设可以看出,"这孩子喜欢音乐啊""这孩子真是成熟,有大人的样子""这孩子是不是总是躺在床上看书"等,我们想象着住在这里的孩子是什么样的,就不由得会心一笑。

在父母很好地引导孩子装饰房间的同时,他们会认识到,室内装饰不是摆放奢侈品,而是为了让房间有孩子自己的风格。

总结

什么是孩子房间所必要的

1. 孩子一个人度过的时间是很重要的,10岁左右给他们这样的时间比较好。

2. 如果给孩子房间,教给他们这个空间的使用方法、管理方法。

孩子房间的布置方式

1. 因为3岁之前在母亲的身边,"儿童专区"就足够了。

2. 3岁开始,在客厅旁边设置一个房间。

3. 6岁开始给他们"单独房间",并决定使用的方法。

4. 10岁开始让孩子自己管理。将室内装饰也交给他们,让他们筑起"自己的城池"。

—— 整理的技术 ——

在一册文件夹里按时间顺序将一个月整理好

A 准备 40 页左右的文件夹

将每天的印刷物、试卷、信件等按顺序放进去

B 最后的几页,当作储存页使用

将电话号码等需要保存的东西放进去

每月替换的时候,将不用的东西扔掉,该保存的东西,放入储存页

前天　昨天　今天

有兄弟姐妹的家庭一个人准备一册

会整理的孩子走到哪里都超棒

专栏
针对孩子"给我买！"的对策

孩子在3岁左右的时候，会开始说"给我买"，闹着要他们在商店里找到的糖果和玩具。到了五六岁的时候孩子更聪明了，如果有了什么想要的东西就会每天缠着妈妈说"好想要游戏机啊""我能买吗""什么时候能给我买呀"，跟父母打持久战。

如果能把孩子说"给我买"的东西都买下来，那没有比这更简单的了。如果因为经济上的困难，即使想买也没钱的话，虽然觉得很难过，但也不会烦恼该怎么办。在这样一个物质丰富的世界里，父母不得不在物质的洪水猛兽面前保护孩子，这是很辛苦的。

如果是眼前看到什么都想要的两三岁的孩子，可以把他们想要的东西放进购物篮，然后再悄悄地放回货架上。因为在孩子小的时候当东西他们从眼前消失，他们就会忘记这个东西。但是，这只是一个开始，接下来我们将不得不更加认真地对待这件事。

我在第1章中写过，如果跟孩子说"你不把它们收起来，我就扔掉"的话就要真的扔掉，父母说出口的话要付诸实践，所以最后买不买这件事也要和这个用一样的方式。

对于在超市的食品、玩具专区说"给我买"的孩子，跟他们说"今天不行"，坚持到最后都要说"不行"。

我有一次这样的经历，不管我怎么说"不行"，孩子还是哭喊着"不嘛，给我买"，正好是孩子3岁的时候。他在超市地板上"大"字一样仰面躺着（我家孩子居然会这样做，我也觉得很震惊），在不停地哭了30分钟的孩子的面前，我正在跟快要崩溃的自己做斗争，谁知周围的大妈却不负责任地过来跟孩子搭话"孩子，你怎么了？""哎呀，加油呀"。

虽然给超市的人带来了困扰，但是经过那一次，孩子应该理解了"说了不行就是不行"。

"今天买了，这周就不买了。这样可以吗"等这样事先和孩子约定也是一个方法。对孩子来说"现在"很重要，所以大多数孩子应该会说"这样就行了"。这样一来，父母就有了坚守承诺，"本周"绝对不再购买的底气。既然有了约定，孩子就必须忍耐，所以这是一种学会"忍耐"的训练。

如果在孩子幼儿时期为他们养成忍耐的习惯的话，到了五六岁时"说了不行就是不行"也是可以行得通的。当他们打持久战的时候，认为父母最终还是会说"好了，我知道了，给你买"。父母要向孩子说"那就等到你生日吧""暑假的时候，如果奶奶能给你带礼物的话"……最好把"什么时候可以"这样的时机表达清楚。

有时候父母可以解释一下"为什么不行",但是如果说"因为贵所以不行"的话就变成了"便宜的东西就行"的理论;如果说"因为每天要买不行",那么就会变成"昨天没买就行了"的理论。

我觉得很多时候对孩子讲道理也没有用。父母说了不行就是不行,这样的歪理说不定更有说服力。

专栏

针对爷爷奶奶、姥姥姥爷的对策

孩子的玩具、文具和衣服的增加,和爷爷奶奶、姥姥姥爷也有关系。

他们费心买了东西我们虽然很开心,但每次见面都会给孩子买玩具,渐渐地就觉得困扰了。不仅是物品的管理,在对孩子的教育方面,物品过多的状态也不好。

但是,随意剥夺他们给孙子孙女买东西的兴致,是很残酷的。对于在物质生活不丰富的时代生活过的人们,无法让他们感受到物品的过剩也会让人很苦恼。

那么,我们究竟应该怎么办才好?

对于自己的父母,沟通起来很轻松。我们和自己父母已经相处多年了,可以直接表达自己的想法:"玩具和衣服,太多了让人头疼。再说,孩子变得不会珍惜东西了也不好。如果可以的话,就生日和圣诞节时候送可以吗?"

特别是孩子的姥姥,对外孙外孙女也总是以"母亲"的态度对

会整理的孩子走到哪里都超棒

待。如果和姥姥一起住，或者姥姥住得很近，孩子就好像有两个妈妈一样，母亲和姥姥之间对孩子教育的意见就会产生冲突。

虽然很难说出口，但是如果我们能很好地表达自己作为一个母亲的责任对姥姥说"这孩子的教育就请交给我吧"，姥姥就会明白应该有自己对待孩子的方式。

如果是孩子的爷爷奶奶，妈妈就很难做了。根据对方的性格，如果是能听得进去话的人，就像对待自己的父母一样，把自己的想法明确地传达出来对方应该可以理解，因为不管是姥姥姥爷还是爷爷奶奶都是爱自己的孙子孙女的。如果对方是比较情绪化的人，不会轻易改变自己的想法，可能会因此使你们的关系变差。最好还是不要勉强他们，这样对大家都好。这种时候，我们只能放弃。

虽然放弃劝说公公婆婆，但可以教育孩子：

"因为爷爷奶奶疼你，给你买了各种各样的东西对吧？他们也经常问你'有没有想要的东西'吧？但是，不管什么东西都让爷爷奶奶给你买，妈妈觉得这样不好。你应该认真地对爷爷奶奶说'我不需要'，这样才是好孩子。"

孩子们心里也觉得什么都让爷爷奶奶买给自己是不好的事。在他们变成觉得这件事是理所当然的之前，让孩子对此有所自觉。

如果，爷爷奶奶还是一个接一个地给他们买东西，那该怎么办呢？那就只能想着"爷爷和奶奶，在教育孩子了这方面太天真了"

然后放弃吧。因此，只能严格贯彻家庭规则，比如"别人给你买的东西一定要珍惜""那爸爸妈妈，就只在生日和圣诞节给你买东西"等。

这样做，可以作为应对买回的东西却根本不开封，或者拿到义卖市场去卖掉之类情况的对策。

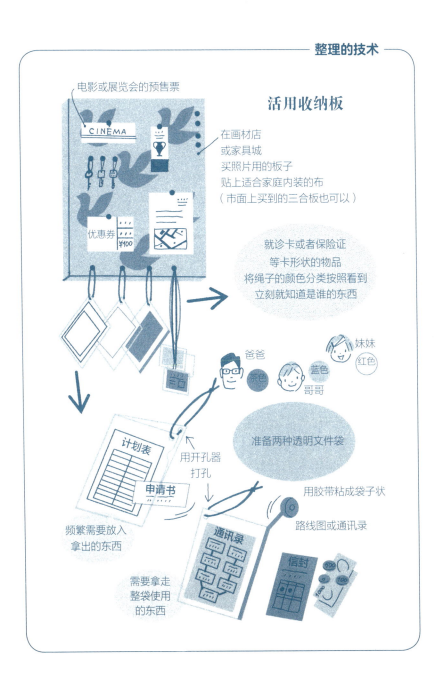

专栏

收到的物品如何处理

为了整理方便,将不需要的东西扔掉是必要的操作。这个时候会让人犹豫的是,从别人那里收到的物品该不该扔掉。

生日时从朋友那里得到的玩偶和文具、爷爷奶奶那里得到的玩具、亲戚家哥哥给的塑料模型、运动会时候得到的纪念奖牌、女朋友或男朋友送的吉祥物或者首饰……

如果是父母给的东西或者是自己选择的东西,可以根据自己的判断来取舍。可是,扔掉收到的东西似乎是将对方的好意也扔掉了,无论如何判断起来都很难。虽然这样说,把收到的东西全部留下,最后收纳空间就被用不上的东西占满了。

我想说,应该先把送东西的人的感受和送的东西本身区分来看待,使用物品才是报答对方的好意,把东西放在一边置之不管是最不能做的事情,我们想要向孩子传达这一点。

收到东西心存感激,为对方想到自己的这份感情而感到开心才是最重要的。如果一直在使用或是用来装饰,能好好利用的话就不必扔掉。如果放了一段时间发现自己不喜欢,就好好地收进"回忆箱"里或者处理掉,只有这两种选择了。

如果扔掉东西的时候需要一个仪式,就和父母一起说一声"对不起""再见"然后将东西放进袋子里或用火烧掉,在处理掉的时候试着有点仪式感也很好。

专栏

希望大家成为这样的父母

这不仅仅是整理的话题,在与孩子接触的时候,有我认为"希望大家成为"的父母画像。

有人很具体地憧憬着自己成为"像××那样的人",也有人憧憬着成为"像妈妈一样的人"。反过来说,也有人把自己父母当作反面教材"希望自己不要成为父母那样的人"。

一成为父母不可能立刻就变成人格高尚的人,如果在"为人父母"上过于努力也会疲惫。为了我们所爱的孩子想做好父母,就要时不时重新审视一下自己。对于孩子来说父母就是父母就可以了,只要对孩子有爱就足够了。

在此之上,希望作为父母的人,拥有这样的姿态——希望大家不要成为感情用事的人。

每天发生的事情本身没有好坏或者是绝对的价值,看到这些事情好坏的是人。"孩子在收拾盘子的时候,把盘子摔碎了"其实就只是简单的事件,把它看作是一个无法挽回的失败,或是看作是一次经历,

会整理的孩子走到哪里都超棒

其实怎样看待都可以。

这种时候，相比母亲生气地训斥孩子"我不是跟你说过了"或者"你这孩子真没用"，更希望母亲生气也要忍住，用平静的声音对孩子说"你受伤了吗""把打碎的盘子收拾好"——这时如果能教孩子如何收拾打碎的盘子那就更好了。

然后，不慌不忙地询问孩子"为什么把盘子掉了"。如果能让孩子自己意识到自己的失误，比如将好几个盘子叠在一起拿、一边收拾一边看电视、明明是一只大碗却单手拿着、滑倒了，等等。一定会让孩子得到比"失败"更好的"经验"。

孩子受伤、生病的时候，就算担心得不得了，也要忍住心情冷静地跟孩子说"很快就会好起来的""你哪里疼"，孩子看到父母这样的姿态就安心了，如果能让孩子意识到"受了点伤没关系"也是很好的。

此外，好多快乐的事、开心的事发生的时候，希望孩子不会有得意忘形、自我陶醉这样荒唐的举动，而是拥有一份从心底感到快乐的同时不失去自我的冷静。

"不要感情用事"，就是这个意思。

我们的生活每天都在继续，所以会遇到各种各样的事情。虽然有快乐的事，但也有痛苦难过的事。是"好事"多一些更好，还是"坏事"不要发生更好，并不是这样简单的问题。

如果什么都不做的话坏事就很少发生，但是这样好事也一定很少发生。与其这样，不如尽可能多做自己力所能及的事、想做的事，不断遭遇各种各样的事情，这样你的人生才会一直丰富多彩。

不要去想自己会遇到什么事情，而是去想如何应对遇到的事情。因为这些事情，人生会更加丰富多彩，会有所改变。

正因为如此，我们才希望孩子们是那种不会把事情想得太夸张、不会失去自我的人。再稍微补充一句，我还希望孩子们在任何时候都能看起来很开心。在这本书里，我多次写过"结果固然重要但过程才最重要"，是同样的意思。

我认为，这样的姿态，不是能够通过"请这样做"的语言能够让孩子学会的，要通过父母每天的所作所为、言谈举止、面部表情等自然而然地传达给孩子。

12个月的整理日历

孩子的生活是以幼儿园或学校为中心划分的。在这样的流程中该采取怎样的整理方式,我试着用了日历的方式来总结一下。

12 个月的整理日历 ❶

童年时期,孩子的生活方式比成年后的还要好,是遵照日历的生活方式。而且,相对于大人,孩子们对日历推移的期待也比较高。好好利用这种生活方式和孩子的期待,制作一个为期一年的整理模式。

◇ 4 月:新生入学、新学期开始的时期。让孩子在 3 月将房间整理好。

·因为是新的生活方式,所以让孩子注意要将"该有的东西放在该放的地方"并认真执行。

·给孩子新的"任务":因为变成大孩子了,要把孩子当成大人对待,赋予他们在家庭中的新任务。晾干洗好的衣服、洗碗……

---

❶ 在日本,人们按照阳历过新年,所以 12 月 31 日是年末最后一天。4 月是新生入学、新职员入社的时间,所以 4 月才是新生活的开始。

一下子让孩子做很多事孩子也会疲惫不堪，所以可以循序渐进地，想到什么就让孩子"试一试"是比较推荐的方法。

◇ 5月·6月：这是将夏季衣服换出来的季节。和孩子一边享受共处的时光一边试着整理换季衣物吧。"这件衣服，已经不需要了，你已经长大了""这件衣服穿着小了，所以送人吧"等，跟孩子边说边做，父母也能乐在其中。

◇ 7月·8月：暑假。是孩子每天都在家里的日子。

· 给孩子养成整理之后再睡觉的习惯：从让生活张弛有度的意义上来说，暑假有大把时间，在暑假中试着让孩子养成"这一天里散乱的物品，全部整理好了再睡觉"的习惯。

· 早上的整理（参照第3章的专栏）：平时早上就算很忙，暑假的话也很悠闲，让孩子在早上做整理。

· 暑假中给孩子的任务：早上，打扫家门前面、给花浇水等，只在暑假期间交给孩子做也是很好的。

将桌子周围迅速整理干净

· 暑假时候早上的整理 ·

◇ 9月：新学期开学。孩子恢复了上幼儿园、上学的生活模式，同时为了让他们整理的习惯也很好地恢复，这个时期父母不得不多说几句。

◇ 10月·11月：到了换冬衣的季节。和换夏装时候一样即可。

◇ 12月：年末。

· 大扫除：与其花一整天时间彻底进行大扫除，不如让他们从中旬开始，比平时更加仔细地进行整理和打扫更好。据说过去是从12月13日开始就准备迎接新年了。

· 年末最后一天：不要让孩子觉得这一天只有母亲要忙碌，给他一些任务。孩子应该不知道做什么。我认为最好是能够巧妙地给孩子指示让孩子帮忙的同时，让他拥有"自己是有用的人"的自信。

◇ 1月·2月：这个时期就是迎接新年，是在整理方面没有什么特别变化的时期。

◇ 3月：面临着4月的新学期、入学，是一个要重新振作的时期。对于孩子来说相比于年末扫除，3月份的扫除更能让他们变积极。

·检查桌子、桌子的抽屉：收拾不再使用的教科书、用完的笔记本和笔等。不要轻易地全部拿走，而是要做取舍选择。让孩子试着去做书包的养护，如果是布制成的就清洗、用湿抹布擦拭，如果是皮质的就涂护理油，要抱着明年也能继续用的心情。

·更新房间的收纳：和桌子一样，试着将房间全体的收纳进行更新。检查是否很好地进行了物品的分区、分组，有没有为了迎接新的一年做出更好的改变。

对整理的东西要有取舍

·升学的准备·

结　语

大概是一年前，我准备写一本关于教孩子学整理的书。

从那时起，我就一直在想，我这种明明不擅长整理的人对于孩子的整理能说些什么。本来，我也不认为"整理得一尘不染的房间""物品至少都能好好地整理好的房间"才是最好的选择。

既然如此，为什么我要写"如何成为一个擅长整理的孩子"呢？

仔细想想，我发现"整理"不仅仅是"整理整顿"，还有更深刻的意义。这就是我在序言中提到的——"生活的基础"，也就是"整理，是很好地与物品打交道的方法""通过整理，学会了与人好好相处""通过身体力行的整理，可以用双手和身体获得一些发现"。

因为我对此感到深深的认同，于是终于开始着手写这本书了。

我始终坚信，开启人生的工作也好，其他事也好，结果虽然也很重要，但过程更重要。我希望孩子们能成为一个认真对待过程的人，不因为结果一会儿开心一会儿难过，而是一直态度诚恳地对待事物并有能力坚持不懈。对于孩子，我有这样的愿望。

虽然只是"整理"，却又不仅仅是"整理"。我真心希望，这本书不仅能给你的孩子带来一个"干净整洁的房间"，还能给他带来一种能够健康开朗地在人生路上走下去的力量。

最后，我要感谢给此书提供主题的岩崎书店的田边三惠女士，以及在问卷调查中给我各种灵感的大家。

二零零四年十月十二日

辰巳渚